EL CAMINO DEL ALMA
A LA SALUD TOTAL

Ahmed Tatieta

ISBN 978-1-7346773-5-5 Ebook version
ISBN 978-1-7346773-6-2 Paperback
Copyright © 2021 Ahmed Tatieta/ Spanish version
Translation desde libro "Soul Pathway to Total Health"
Publicado en 2017 ISBN 978-0-578-50375-2
Tatieta Book publishing, LLC
1760 W. 125th Street Suite 3
Los Angeles, CA 90047
Tatietabookpublishing@yahoo.com
Website: www.ahmedtatieta.com

Do not reproduced in whole or in part without a written authorization from the publisher, except by a reviewer, who may quote brief passages in a review. This book is not a medical prescription to you. It is merely for your information purposes.

TABLA DE CONTENIDOS

Introducción xiii
¿Qué es la salud perfecta o total? 1
La importancia de la energía en la vida humana ... 3
Las fuentes de energía 6
¿Qué agota la energía del cuerpo? 8
El estrés y su importancia. 11
Tratamiento holístico versus
tratamiento alopático. 14
La definición de la pérdida de alma 15
El significado del apego espiritual 17
Los orígenes de la enfermedad y sus síntomas 18
La relación entre el alma y el cuerpo,
incluyendo los síntomas compartidos 21
La relación entre el cuerpo y el alma. 26
El reino de los vivos y los no vivos 29
Leyes del universo aplicadas a las
funciones corporales humanas. 34
Leyes tácitas que determinan nuestra
salud física futura 43
El hilo invisible y su relación con el cuerpo 49
La Relacion entre el campo energetico,
la mente y el cuerpo 51
El aura 57

*La importancia del aura en conexión
con el cuerpo.* 59
*Relación entre el aura, la mente,
el cuerpo con el universo.* 62
*La importancia de limpiar el aura
y sus síntomas relacionados.* 65
*Síntomas que demuestran que puede tener
apegos en su aura y necesita una limpieza* 68
Reglas fundamentales del bienestar 70
Karma: la ley suprema. 74
La dualidad en el universo. 81
Seres humanos, dueños de su destino. 83
Entendiendo el mundo. 87
*Relatividad universal de nuestras
percepciones y acciones.* 90
*Entenderse a usted mismo y a las personas
que lo rodean.* 93
La Universalidad de la Verdad. 98
Búsqueda de la verdad y sus dificultades. 102
*La verdad solo la encuentran las personas
de mente fuerte* 107
Igualdad universal de la humanidad 110
Bibliografía 113

EL CAMINO DEL ALMA A LA SALUD TOTAL

No es novedad para la gente común que la mente y el cuerpo juegan un rol muy importante en su relación entre sí afectando nuestra salud general. Este libro nos ilumina sobre el rol del alma en nuestro bienestar (pérdida del alma, apego espiritual y experiencia fuera del cuerpo), que se subestima enormemente en nuestra salud y bienestar físico, mental y espiritual. Escribir este libro fue una cura para mí, puesto que me he vuelto más saludable física, mental y espiritualmente, haciendo de mi sí un sí y de mi no un no. Si el conocimiento es poder, entenderlo debe ser una cura.

AHMED Y. TATIETA

PARA MI FAMILIA E HIJOS, Y TODOS LOS QUE CREYERON EN MÍ.

Usted aprenderá:

1. Qué es el aura y cómo limpiar su aura para fortalecer su sistema inmunológico.
2. Cómo detectar e identificar cuando usted tiene apegos espirituales y un aura sucia.
3. Cómo la mente, el cuerpo y el alma están interconectados para permitir su salud.
4. Cómo se heredan algunas de sus nfermedades de sus padres y cómo curarlas.
5. Cómo practicar el silencio y permanecer centrado para controlar mejor su estrés.
6. ¿Qué es la enseñanza de Buda y cómo practicar la atención plena?
7. ¿Qué es la salud perfecta o total?

8. Qué es la pérdida del alma y la importancia de tratar su alma.
9. Cómo comprenderse a usted mismo, a las personas que lo rodean y al Universo.
10. ¿Cuál es el significado de los apegos espirituales?

NOTA DEL AUTOR:

Estos escritos inicialmente estaban destinados para mi uso personal. Mi objetivo era obtener más conocimientos y una mayor comprensión para poder responder las preguntas que surgieron durante mi edad adulta, junto con ciertos problemas de salud que enfrenté y que necesitaba abordar. La búsqueda para encontrar respuestas se llevó a realizar una investigación intensiva durante más de cinco años. Este proceso, y el conocimiento que adquirí, apaciguó un espíritu que lloraba dentro de mí, un anhelo de saber y entender lo que estaba experimentando en mi cuerpo.

Después de compartir mis hallazgos con amigos y familiares, me animaron a recopilar lo que había aprendido en un libro que fuera útil para el público en general y que quizás podría ayudar a otros a resolver preguntas sobre su propia salud.

Se aconseja precaución cuando se expresan opiniones y experiencias personales, ya que la información que se presenta ha sido filtrada por mi comprensión. Este libro no tiene la intención de inducir o educar a nadie y solo debe usarse cuando usted, el lector, lo considere digno para sus necesidades personales y de acuerdo a sí puede identificarse con lo que está escrito.

Algunas de las descripciones de los problemas de salud no tienen base científica; el tono en algunos de los escritos se centra más desde un punto de vista y comprensión espiritual.

En general, creo que el libro será interesante y educativo para todos hasta cierto punto, sin importar estatus social, género o raza. Aumentará la conciencia y la importancia del autocontrol. Permite ayudar a entender la salud humana sin el uso de términos médicos o jerga médica, que es cómo finalmente pude entenderla.

Este libro destaca la importancia del amor, el respeto mutuo, nuestras responsabilidades hacia el universo y la necesidad de respeto por otras culturas y tradiciones, lo que puede llevar a una mayor tolerancia y aceptación en paz, sin prejuicios ni discriminación. Engloba un toque de espiritualidad que eventualmente puede contribuir al despertar a la verdad, fomentando la no violencia y las acciones respetuosas de la ley. En última instancia, este libro puede llevar a uno a un estado de autorrealización.

AGRADECIMIENTOS

Sr. y Sra. Tatieta (papá y mamá), Eric y Desire Scott

INTRODUCCIÓN

La humanidad no está destinada a enfermarse. Fuimos creados para que pudiéramos ser perjudicados por nuestras propias elecciones o por acciones y eventos que ocurren en el universo. Si adoptamos un estilo de vida saludable y positivo, junto con la comprensión de las lecciones que ofrece el universo, podemos envejecer sin enfermarnos y sin problemas de salud importantes que ocasionen llevarnos a una muerte prematura.

Hay dos formas de vivir: una correcta y una incorrecta. Enfermarse es un recordatorio de que nuestra vida es preciosa y debe vivirse con cuidado y consideración. Es una forma de recordarnos que nuestra vida se nos ha dado sin costo; pero, si realmente queremos vivir bien, debemos aferrarnos a ella, aprendiendo a mantenernos saludables. Al educarnos sobre cómo mantenernos saludables, nos volvemos cada vez más curiosos acerca del universo y de nosotros mismos. Creo que el propósito de nuestro viaje es redescubrir de qué estamos hechos y de qué está hecho el mundo que nos rodea.

¿QUÉ ES LA SALUD PERFECTA O TOTAL?

El ser humano está compuesto de un cuerpo, una mente y un alma. El cuerpo, la mente y el alma son inseparables e interdependientes. El desequilibrio de uno afecta a los demás y viceversa. Para que una persona goce de salud física, mental y espiritual perfectas, el cuerpo, la mente y el alma deben estar en perfecto equilibrio. Por lo tanto, al cuidar de uno de los tres, debemos cuidar también de los otros dos, ya que los tres (cuerpo, mente, alma) están unidos en uno. Otra forma de decir esto es que la salud positiva, ya sea mental, física o espiritual, depende de tres factores que están interconectados. Primero, están los sistemas estructurales del cuerpo y sus funciones, incluyendo los procesos bioquímicos del cuerpo y la eliminación de desechos. El segundo componente se forma por el estado mental y las emociones de la persona. El tercer factor fusiona la mente y las emociones con la dimensión espiritual de la persona. Cuando hay un equilibrio entre estos tres componentes, tenemos salud. Pero cuando existen desequilibrios dentro de cualquiera de estos factores, o en su relación entre sí, se produce una enfermedad.

LA IMPORTANCIA DE LA ENERGÍA EN LA VIDA HUMANA

La energía dentro de la persona une el Cuerpo, la Mente y el Alma, y los mantiene sanos y fuertes. La energía es la capacidad de realizar un trabajo. En términos del cuerpo humano, el trabajo permite la continuación de la vida humana y celular. El cuerpo necesita energía para que sus órganos funcionen con normalidad. La energía es la fuerza vital del cuerpo que mueve la sangre que nutre los órganos del cuerpo para producir **más** energía. Se asocia con el movimiento y la fuerza.

Cuando el cuerpo trabaja, hay un cambio de energía puesto que cualquier reacción interna es seguida por una pérdida de energía medible e importante. La disminución de energía en nuestro cuerpo afecta negativamente al cuerpo, la mente y el alma porque se reduce la energía necesaria para tener un organismo sano y fuerte. El cuerpo, el alma y la creatividad mental se debilitan y disminuyen la productividad si la energía perdida no se recupera rápidamente. Para compensar esta energía gastada, se debe suministrar constantemente nueva energía al cuerpo y al alma si se quiere mantener una salud física constante y una mayor productividad de la mente.

Cuando la energía disminuye o falta en el cuerpo físico, los órganos y sistemas del cuerpo dejan de funcionar de manera adecuada, lo que provoca una falta de armonía interna. En circunstancias extremas, un órgano específico puede dejar de funcionar. Una disminución en el rendimiento de un órgano en funcionamiento podría potencialmente llevar a la falla de órganos que dependen en gran medida de la función específica y/o el producto terminado (hormona) del órgano que está fallando para continuar funcionando de manera eficiente. Debemos recordar que todos los órganos dependen unos de otros para mantenernos saludables. Por lo tanto, esta cadena de debilidad o falla orgánica puede continuar de un órgano de bajo rendimiento a otro mientras el problema persista.

En última instancia, todo el sistema del cuerpo se atasca, lo que en última instancia conduce a una enfermedad porque los órganos que conectan los diversos sistemas del cuerpo ya no funcionan en armonía. Una falta total de energía en el cuerpo durante algún tiempo seguramente resultará en la muerte de cierta cantidad de células del cuerpo. La persona puede terminar perdiendo la vida a menos que se le brinde atención inmediata. En resumen, la energía es tan importante en nuestro ciclo de vida que debemos vigilarla de cerca.

LAS FUENTES DE ENERGÍA

Hay cuatro formas en que una persona adquiere energía.

1. Tenemos la **energía parental** que nuestros padres nos dan al nacer. Está determinada por la salud de nuestros padres al momento de la concepción y también por el estado de salud de nuestra madre durante el embarazo, teniendo en cuenta las complicaciones o defectos de
2. También tenemos la **energía adquirida**, que se obtiene de forma heredada, el tú esencial. Esto está determinado en gran parte por la constitución general de nuestra familia y depende de si, en nuestro árbol genealógico, existen ciertas

enfermedades como Alzheimer, diabetes, enfermedades cardíacas, etc., aunque pueden saltarse una generación.

3. Existe la **energía derivada por medios espirituales**, a través de oraciones, hechizos, encantamientos, meditaciones, pensamiento intenso dirigido a uno mismo, concentración, lecturas inspiradoras, música, etc. Esta energía muy probablemente fortalece el alma y solidifica la mente; el alma entonces fortalece al cuerpo.

4. Finalmente, tenemos la **energía adquirida**, derivada de nuestras dietas, la resistencia física y las condiciones ambientales (por ejemplo, alimentos, líquidos, aire y ejercicio). En general, saber qué tipo de energía adquirida poseemos es primordial para entender nuestra salud propia.

Ahora que entendemos la importancia de la energía en nuestra salud general, también es prudente ser consciente de cómo se puede drenar nuestra energía, exponiéndonos a problemas de salud.

¿QUÉ AGOTA LA ENERGÍA DEL CUERPO?

La energía es la fuerza vital de nuestro cuerpo. Es la fuerza motriz que nos impulsa a despertarnos todas las mañanas y realizar nuestras actividades con vitalidad y resistencia. Sin esta energía, nuestro cuerpo se debilita y nuestra fuerza disminuye. Por lo tanto, debería ser una ventaja para nosotros aprender qué agota esa energía en nuestra vida para que podamos ejercer control sobre ella.

Definitivamente, comer muy poco o nada durante algún tiempo agotará la energía de nuestro cuerpo. Muy poca o demasiada actividad sexual puede agotar la energía en el cuerpo. Los alimentos y bebidas poco saludables, el agua potable no apta para el consumo y otros líquidos también agotarían nuestra energía. La falta de ejercicio o demasiado ejercicio, el uso o abuso excesivo de drogas y alcohol también pueden reducir la energía en nuestro cuerpo al igual que muy poca o demasiada actividad sexual. La exposición a demasiado calor, demasiado frío y demasiado viento, todos de los cuales son factores de estrés físico, también disminuirán el suministro de energía de nuestro cuerpo. El estrés emocional o mental, la ansiedad, la guerra espiritual, ya sea crónica o temporal, también agotan la energía de nuestro cuerpo y aumentan la probabilidad de que nos enfermemos.

Afortunadamente, la dieta es el elemento más crucial para proporcionar energía al cuerpo, ya que podemos ejercer el máximo control sobre lo que ingerimos. Una buena alimentación conduce a una persona sana, mientras que una mala alimentación conduce a todo tipo de enfermedades y condiciones. Una dieta saludable proporciona nutrientes que ayudan a su cuerpo a producir la energía necesaria para un ciclo de vida saludable, mientras que una dieta pobre producirá poca o ninguna energía, reduciendo el flujo de energía de su cuerpo, debilitándolo y haciéndolo vulnerable a las enfermedades. Sin duda, los desequilibrios en la dieta son los principales contribuyentes prevenibles a la muerte prematura en todo el mundo.

Y, con las condiciones de vida y de trabajo actuales en el siglo XXI, el estrés es un factor importante que contribuye a la mayoría de nuestros desequilibrios energéticos corporales.

EL ESTRÉS Y SU IMPORTANCIA.

El estrés es la respuesta adaptativa del cuerpo, la mente y el alma a las demandas y necesidades que se les imponen. Cualquier necesidad en nuestra vida, planes, responsabilidades o deberes a corto o largo plazo nos ocasionan estrés. Proporcionar y proteger a nuestra familia produce estrés en nuestro cuerpo físico, mental y espiritual. Cualquier cambio en nuestra vida (por ejemplo, pérdida de trabajo, búsqueda de trabajo, matrimonio, divorcio, nacimiento de un bebé, jefe nuevo, despertar espiritual) nos estresa intensamente. El estrés es visible en nuestro cuerpo físico, ya que soporta la demanda de actuar sobre los desafíos que enfrenta. También sería visto en nuestro espíritu por personas bendecidas con la visión de un tercer ojo. No podemos evitar el estrés; es parte de nuestra vida. Sin estrés, la vida no tendría emoción ni color. Como fuerza motriz de nuestra vida, todos necesitamos una cierta cantidad de estrés para impulsar la creatividad, la innovación, el cambio y la inspiración. El estrés podría considerarse una fuerza necesaria para los logros de la humanidad.

Por otro lado, el estrés puede tener un efecto negativo en la salud humana si no se controla. Puede ser extremadamente dañino para nuestra salud cuando se acumula, o cuando ocurren varios eventos estresantes de manera simultánea o en un período de tiempo relativamente corto. Demasiado estrés agotará nuestra energía y nos hará enfermar.

Vale la pena mencionar que, en momentos de estrés, la frecuencia cardíaca puede aumentar. Dado que la función principal del corazón es bombear la sangre a una cierta velocidad, el volumen de sangre bombeada también podría aumentar eventualmente. Esta situación puede provocar presión arterial alta. Y la frecuencia cardíaca puede ser más del doble de la frecuencia cardíaca normal.

Cabe señalar que la presión arterial alta puede dañar los tejidos del corazón, el cerebro, los riñones y otros órganos, lo que podría provocar insomnio, noches sin descanso, derrames cerebrales, insuficiencia renal y enfermedades cardíacas. El estrés también ataca el sistema inmunológico. Cuando nuestra resistencia es baja, a menudo se desarrollan problemas digestivos.

Debido a que el estrés es un mal necesario, alejarse del estrés diario en la vida puede traer paz mental y restaurar el flujo de energía en nuestros cuerpos. Por lo tanto, debemos aprender a lidiar con el estrés, equilibrando la necesidad de estar saludables y ser productivos al mismo tiempo.

TRATAMIENTO HOLÍSTICO VERSUS TRATAMIENTO ALOPÁTICO.

Mientras que la "visión alopática" del tratamiento se dirige a la enfermedad y sus síntomas, la "visión holística" se dirige a la causa de la enfermedad. Por ejemplo, si sufre un dolor de cabeza, el tratamiento alopático prescribirá medicamentos solo para su dolor de cabeza, mientras que el tratamiento holístico se centrará en la razón por la que tiene dolor de cabeza. El tratamiento alopático solo se enfoca en la enfermedad y sus síntomas evidentes sin considerar ninguna dimensión mental o emocional que pueda estar involucrada. La visión holística considera su cuerpo, mente, alma, dieta y estilo de vida.

LA DEFINICIÓN DE LA PÉRDIDA DE ALMA

El alma puede desprenderse del cuerpo y deambular mientras soñamos o dormimos e incluso si estamos despiertos. Este fenómeno se conoce en el mundo espiritual como una "experiencia fuera del cuerpo" y se considera normal cuando el alma regresa al cuerpo físico. Pero ocurren problemas cuando, por alguna razón, el alma no puede encontrar su camino de regreso al cuerpo o elige no regresar a él; si esto sucede, se pierde el alma.

La pérdida del alma también puede ser causada por un fantasma que intenta alejar el alma de una persona por sus propias razones. Puede deberse a brujería o espíritus malignos que intentan dominar el cuerpo de la persona para manipularla. La mayoría de los casos de pérdida del alma ocurren cuando uno sufre una lesión física dolorosa en el cuerpo o experimenta un evento que amenaza la vida y, como resultado, el alma de la persona abandona el cuerpo.

Cuando el alma abandona definitivamente el cuerpo, generalmente se dirige a la tierra de los muertos; cuanto más se acerca, más débil se vuelve el cuerpo que dejó. Finalmente, si no se hace nada para que el alma regresese, la persona muere.

EL SIGNIFICADO DEL APEGO ESPIRITUAL

El apego espiritual ocurre cuando un espíritu se adhiere a un ser humano vivo como un parásito y lo posee. Los síntomas del apego espiritual incluyen depresión, cambios de humor, trastornos de personalidad múltiple y cambios repentinos de comportamiento, a veces radicales. El espíritu se adhiere principalmente al aura de la persona.

LOS ORÍGENES DE LA ENFERMEDAD Y SUS SÍNTOMAS

Las definiciones de pérdida del alma y apego espiritual que se mencionan anteriormente se otorgaron para ayudar al lector a través de la naturaleza espiritual de los siguientes capítulos.

La intención de este escrito es iluminar a las personas sobre el papel del alma, que se subestima enormemente en nuestro bienestar.

El alma interactúa con el mundo espiritual. Aunque no es visto por la gente promedio que no puede ver su alma a simple vista, el alma está ahí con nosotros, en nosotros, siempre. Tal como nuestro cuerpo físico, nuestra alma tiene necesidades, demandas, deseos y anhelos.

De acuerdo a creencias antiguas, parte de nuestro estrés puede tener su origen en las necesidades o demandas de nuestra alma. Si las necesidades del alma no se abordan de manera adecuada o no se abordan, el alma puede entrar en depresión o estrés y las preocupaciones del alma pueden causar estrés repentino en el cuerpo físico sin previo aviso. De hecho, el alma vive y tiene momentos de felicidad, tristeza, momentos de acción, períodos de conciencia y momentos en los que tiene problemas que deben abordarse. El cuerpo físico es el canal que utiliza el alma para expresarse.

Cuando queda claro que algunas enfermedades, diagnosticadas o desconocidas, son incurables después de varios tratamientos vigorosos, la creencia del curandero tradicional es que solo entonces es prudente utilizar todas las medicinas alternativas posibles disponibles, en combinaciones. Al entender que el alma es una entidad separada única con la que se debe tratar, de acuerdo con sus leyes espirituales únicas, los gurús espirituales aconsejan humildemente agregar una forma alternativa de mejorar tratándonos a nosotros mismos de manera integral, debido a la compleja interrelación entre el cuerpo, la mente y el alma. Creen que la causa de la enfermedad puede estar relacionada con el alma o la mente y las emociones del paciente, que ejercen influencia sobre el cuerpo para que el cuidado adecuado los aborde tanto como el físico para la salud en general.

LA RELACIÓN ENTRE EL ALMA Y EL CUERPO, INCLUYENDO LOS SÍNTOMAS COMPARTIDOS

Se dice que tenemos enfermedades que afectan el cuerpo así como enfermedades que afectan el alma y también tenemos enfermedades que afectan la mente. La pregunta es, ¿cómo podemos separar la mente del alma o el cuerpo y viceversa?

Las enfermedades que afectan el alma están adheridas al alma. Tienen dominio en el nivel espiritual pero, hasta que tengamos un avance científico que pueda detectarlos, solo se pueden ver a través de ojos espirituales.

Según las creencias africanas y otras creencias tradicionales comunes, las formas básicas de curar cualquier enfermedad espiritual y sanar el alma es someterse a limpiezas espirituales, meditación, ayuno, oraciones e intercesión, incluyendo desintoxicación física.

Cuando la enfermedad realmente reside en el alma, la reacción o los síntomas serían visibles y notorios a través del cuerpo físico. A menudo, los síntomas presentados se confunden con surgidos de una enfermedad física y son tratados como tales debido a sus similitudes con los mismos; pero, de hecho, la enfermedad se originó en el alma, pero el cuerpo físico es la única herramienta que tiene el alma para llamar la atención sobre cualquier alteración espiritual que necesite atención. Cualquier mal o enfermedad en el alma también se sentiría en el cuerpo para indicar que algo anda mal y que se requiere acción.

Tenga en cuenta que cualquier mal sentimiento o dolor puede parecer algo físico (o exactamente lo mismo que sintió cuando su cuerpo dolió debido a una causa física), pero en realidad, la enfermedad reside en su alma. Por lo tanto, no se puede culpar a nadie por no identificar correctamente la fuente, ya que es extremadamente difícil saber dónde se origina el dolor a menos que esté siguiendo de cerca sus sueños y visiones y pueda interceptar alguna señal del espíritu.

Dado que el alma vive en el cuerpo y está conectada a él, comparten los mismos dolores y sentimientos. Para un paciente que presenta síntomas físicos originados por una enfermedad relacionada con la espiritualidad, las recetas modernas pueden no ser completamente efectivas ya que la enfermedad reside en el alma. Los síntomas pueden desaparecer por un corto tiempo con medicamentos pero reaparecerán en algún momento ya que la enfermedad permanece en el alma sin ser tratada.

La conexión a entender aquí es la relación entre el alma y el cuerpo. Si uno de ellos está herido o sufre, sin duda afecta al otro. El cuerpo y el alma tienen la misma forma idénticas y cualquier cosa que afecte a uno afecta al otro de manera simultánea.

Podría ser necesario explicar por qué digo que el alma es idéntica al cuerpo físico en forma y rasgos. Si alguna vez has soñado al dormir, es ese otro tú que se parece a usted y que lo representa plenamente en ese mundo espiritual de sueño que yo llamo el alma. Algunos sueños pueden parecer tan reales que solo nos damos cuenta de que en realidad fue un sueño cuando nos despertamos. Nuestro "doble" que actúa en nuestro nombre en el mundo espiritual parece idéntico a la persona en el mundo físico. Si observa de cerca su alma durante sus sueños, estará de acuerdo en que el alma se parece a usted en sus sueños con todas las partes de su cuerpo. ¿No podemos, entonces, concluir que el alma tiene partes del cuerpo como nosotros?

De acuerdo con la comprensión espiritual, la mayoría de los ataques o hechizos espirituales siempre se dirigiden al cuerpo espiritual. Dependiendo de las partes anatómicas de su alma que se vean afectadas durante un ataque espiritual, se provocarám el mismo dolor en su cuerpo físico en los mismos lugares que en su alma. Si le duelen las piernas del alma, su cuerpo también sentirá físicamente el mismo dolor en las piernas.

Así que considere que si no se ha sentido bien o no se siente muy bien o tiene alergias por alguna razón desconocida, y ha tratado de curarlas o aliviarlas, bien podría ser que lo que está mal en realidad reside en su alma en lugar de en su cuerpo, lo que explicaría por qué, después de tanto tiempo, alguna enfermedad o dolor es crónico y puede parecer una sentencia de muerte, ya que siempre somos víctimas de las mismas enfermedades y dolores una y otra vez, a pesar de una recuperación falsa, demasiado corta.

LA RELACIÓN ENTRE EL CUERPO Y EL ALMA.

De acuerdo con creencias y entendimientos antiguos, cuando su cuerpo tiene dolor, también afecta su alma, haciendo que su alma sienta el mismo dolor que su cuerpo. Mientras su dolor continúe, su alma también estará sufriendo, junto con su cuerpo. Es exactamente el mismo escenario descrito en los capítulos anteriores. La diferencia es que el origen de la enfermedad es en este caso el cuerpo.

Un aspecto importante a recordar es nuestra discusión sobre la capacidad de su alma para salir o apartarse de su cuerpo tanto al dormir como, en algunos casos, cuando está despierto, para liberarse de la conexión incómoda compartida con el cuerpo durante la enfermedad física. Ese podría ser el mecanismo de afrontamiento del alma, cuando busca ayuda o cuando da un paso atrás para descubrir cómo puede ayudar al cuerpo.

En algunas circunstancias extremas, en las que el dolor es insoportable, el alma puede apartarse del cuerpo hasta que se solucione la enfermedad o se alivie el dolor. El alma estará en espera, merodeando por algún tiempo fuera del cuerpo, la única forma que conoce para no sentir o compartir el dolor del cuerpo. Cuanto más breve sea el dolor o la enfermedad, más breve será el tiempo que el alma divague o salga y permanezca residiendo en el cuerpo. Si nuestra salud empeora, nuestra alma puede comenzar a divagar y alejarse más del cuerpo. Puede terminar viajando profundamente en vastos reinos espirituales y podría convertirse en un alma perdida.

Al darnos cuenta de que nuestro cuerpo no puede vivir mucho tiempo en la tierra o permanecer mentalmente estable sin un alma, se deduce que nuestro cuerpo o parte del cuerpo podría dejar de funcionar, o podríamos volvernos locos y, en el peor de los casos, podríamos entrar en coma o perder nuestra vida. Esto podría crear una enfermedad que resulte en la muerte gradual del cuerpo o parte del cuerpo si hay una desconexión o una retirada parcial del alma del cuerpo, en cuyo caso, el alma podría estar cerca, tendiendo del cuerpo físico desequilibrado.

A medida que el alma vaga, ya sea en un intento de regresar a su cuerpo o mientras busca una solución, encontrará obstáculos en los otros mundos. El reino espiritual está lleno de maravillas misteriosas que están completamente vivas y son esenciales. Hay muchos mundos espirituales y cada uno de ellos es una entidad separada donde el alma puede olvidar fácilmente cómo encontrar el camino de regreso al cuerpo sin un guía espiritual.

El caso de cada individuo y cada experiencia se percibe de manera diferente y se vive de manera diferente según el nivel mental y el nivel de espiritualidad de cada uno al despertar.

Las personas espiritualmente arraigadas y mentalmente fuertes pueden tener un resultado diferente, principalmente porque lo más probable es que sean conscientes de sus sueños y visiones, y probablemente ya estén tomando medidas para ayudar a su alma al optar por medios alternativos para mejorar con una mente abierta.

EL REINO DE LOS VIVOS Y LOS NO VIVOS

Siguiendo el mismo escenario expuesto en el capítulo anterior, si el alma, incapaz de soportar una enfermedad prolongada o un dolor físico extremo, abandona el cuerpo, podría, en algunos casos, alejarse de su alcance si se ha adentrado demasiado en el mundo espiritual. En algunos casos, el alma errante puede perderse en el mundo espiritual o encontrarse varada por otros seres espirituales vivientes. Su resistencia podría desvanecerse en ese mundo espiritual con el resultado potencial de que el alma se aleje más allá del alcance físico o mental de la persona. En última instancia, el alma, en desesperación, puede dejar de intentar regresar al cuerpo o puede carecer de la capacidad de regresar.

El resultado es la muerte lenta del cuerpo o el desarrollo de trastornos mentales.

Crecí en Burkina Faso, África Occidental, donde existe la creencia popular de que las personas mentalmente inestables pueden haber sido víctimas de la pérdida del alma. Era común escuchar que se decía de ellos: "Su alma estaba fuera del cuerpo" o "Su alma está fuera". Estoy seguro de que también podría haber otras explicaciones.

Supongamos que un amigo que estaba enfermo se recupera y recupera la salud física para que su alma regrese del mundo espiritual incluso después de un período de estar merodeando o después de haber estado cerca en espera. En este caso, el alma volverá a descansar feliz en un cuerpo sano sin necesidad de más cuidados.

Pero, en este mismo escenario, imagine que el alma no puede regresar al cuerpo porque ya ha cruzado el puente entre la vida y la muerte o, según la creencia tribal africana e india, porque está siendo retenida en el mundo espiritual contra su voluntad. Esta situación hará que el cuerpo de tu amigo vuelva a estar sano, pero estará en la tierra sin alma. En este último caso, el cuerpo de su amigo eventualmente morirá; si la muerte llegue tarde o temprano dependerá del estado de la fuerza mental y las afiliaciones espirituales de su amigo, ya que, en última instancia, ningún cuerpo puede sobrevivir sin un alma, bajo el peligro de volverse mentalmente inestable o, tal vez peor aún, sobrevivir pero poseído por otro espíritu.

El alma errante, viajando de un lugar a otro durante el tiempo de enfermedad, ya sea superando obstáculos o luchando por sobrevivir, puede ser encarcelada, secuestrada, varada en una tierra extraña, golpeada, asustada o literalmente sometida hasta el punto de agotarse. Este suele ser el caso cuando un fantasma intenta alejar el alma. La buena noticia es que estos eventos pueden aparecer ante nosotros en nuestros sueños, visiones o pesadillas y nuestro cuerpo (mente) los sentirá/conocerá debido a su conexión familiar con nuestra alma. Podríamos soñar y despertarnos sudorosos, aterrados, asustados con un brinco, golpearnos contra la pared, incluso rompernos dedos o brazos o simplemente vernos a nosotros mismos en un sueño perseguidos y literalmente luchando por nuestra vida, ya que nuestra alma está realmente sintiendo el peligro. Podría convertirse en una lucha por la supervivencia a través de los desafíos que enfrenta el alma en el ámbito espiritual. Estas percepciones espirituales son señales de que nuestra alma está luchando por sobrevivir y mantenerse al día con su cuerpo consignado. El alma en conexión con la mente está intentando advertir al cuerpo (mente) a través de sueños y visiones que su vida está amenazada y debemos actuar rápidamente para encontrar una solución. En algunos casos, los amigos o familiares pueden tener sueños o visiones sobre la persona que necesita ayuda urgente.

Si somos fuertes espiritual y mentalmente, nuestra alma puede luchar para que el cuerpo descanse, aunque esté cansada, agotada, golpeada o incluso herida; Es posible que la batalla aún no haya terminado aunque nuestra alma haya regresado a su cuerpo consignado. Nuestra alma aún puede necesitar curaciones espirituales y alimentación espiritual para reponer la energía perdida. Puede pensar que dado que el alma literalmente no puede morir, es inmune a los sentimientos y emociones, pero en realidad, para estar saludable, el alma necesita cuidado y nutrición como nuestro cuerpo físico.

Mientras se encuentra en el extraño mundo espiritual, luchando y encontrándose con otros seres vivos espirituales y las almas de los muertos, el alma a veces (aunque rara vez) puede regresar al cuerpo con algunos seres vivos espirituales nuevos y extraños que se le atribuyen o con energía negativa que deposita en el cuerpo físico. En tales casos, el cuerpo físico o la mente que se había curado reaccionará a estos seres vivos nuevos y extraños que ahora están unidos o residen en el alma y puede comenzar una nueva enfermedad.

Nuestro cuerpo ahora experimentaría los mismos sentimientos y emociones de la misma manera que nuestra alma consignada los está experimentando, ya que, nuevamente, nuestro cuerpo está conectado a nuestra alma y nuestra alma está conectada a nuestro cuerpo. Los sentimientos de ansiedad, estrés, tristeza, dolor, enfermedad y paranoia pueden estar directamente relacionados con los sentimientos y emociones de nuestra alma. Según algunas creencias espirituales africanas, cualquier intento de curar estas enfermedades a través de la tecnología moderna probablemente sería ineficaz puesto que el mal real y sus síntomas se originan en nuestra alma, no en nuestro cuerpo físico.

En resumen, mientras cuidamos nuestro cuerpo durante la enfermedad, debemos cuidar de manera simultánea nuestra alma para luchar mejor contra el mal y las enfermedades existentes en el universo que afectan todos nuestros aspectos: nuestro espíritu, mente y cuerpo. Al contrario, mientras se enfoca en la salud del alma, la mente no puede ser excluida ya que de manera simultánea crece en carácter y fuerza.

LEYES DEL UNIVERSO APLICADAS A LAS FUNCIONES CORPORALES HUMANAS.

El mundo físico o natural está gobernado por fuerzas o leyes invisibles que se suceden y complementan, ciclo tras ciclo, en perfecta armonía. Nuestro universo está hecho de innumerables materiales, pero todos trabajan juntos en una estructura natural de causa y efecto perfectos. Es como si el universo fuera una máquina gigante que se adhiere fielmente al autocontrol en el que se ha fijado. A través de las leyes que se le imponen, se mantiene el equilibrio.

Por ejemplo, la estructura mecánica instalada para que la lluvia caiga sobre la tierra nunca deja de funcionar siempre que se cumplan todos los requisitos para la lluvia natural. El sol calienta el océano y los lagos, lo que hace que el agua se evapore. El agua caliente se mezcla de manera invisible con el aire que se eleva gradualmente a medida que el sol continúa calentando el agua creando una mayor evaporación. Este fenómeno forma nubes llenas de agua que cae cuando las nubes se condensan y se vuelven lo suficientemente densas como para provocar lluvias. El mismo ciclo se ha repetido siempre, y sigue el mismo procedimiento natural exacto y produce el mismo efecto.

Esta estructura natural se aplica a todos los fenómenos naturales y todos siguen las leyes de la naturaleza. Fenómenos como viento, huracanes, tormentas, sequías, terremotos y tsunamis ocurrirán inevitablemente tan pronto como se cumplan todas las condiciones requeridas por las leyes de la naturaleza. No hay freno ni posibilidad de incumplimiento de las leyes de la naturaleza. A esto es a lo que me refiero cuando digo que todo en el universo funciona en perfecto orden respetando la ley de causa y efecto que gobierna el mundo natural. Desde el inicio de los tiempos, esta ley, que se ha llamado de diversas formas la ley de la atracción, la gravedad o las fuerzas sobrenaturales, nunca deja de producir el efecto esperado y predeterminado.

En última instancia, cada partícula de materia necesita a las demás para realizar un ciclo completo. Cuando se presenten cambios u obstáculos, se producirán cambios en los resultados. A estas fuerzas naturales no les preocupa si sus efectos sobre los seres vivos del universo son buenos o malos, positivos o negativos. Los fenómenos naturales carecen de sentimiento y emociones, pues su función y su importancia es solo producir los efectos esperados que surgen de las causas dadas; los daños colaterales, subproducto de su efecto, no les preocupa. De ello se deduce que si se cumplen todas las condiciones para un huracán, entonces el huracán ocurrirá sin preocuparse por las casas, los automóviles o los seres vivos desplazados. Cualquier consecuencia destructiva que siga al huracán solo será una noticia triste para quien sea su víctima.

Los seres vivos del universo parecen ser impotentes para controlar cómo se ven afectados por estos fenómenos naturales. Los humanos no tienen otra opción que aprender a adaptarse y vivir una vida saludable a pesar de que estos fenómenos naturales ocurren.

Aunque no podemos cambiar las leyes naturales universales establecidas inicialmente, podemos manipular la ley de causa y efecto al comprender qué factores causan que ocurran varios eventos y en qué circunstancias. Solo entonces podremos trabajar en nuestro camino para inducir una causa voluntaria para producir el efecto que deseamos que nos beneficiará positivamente mientras somos conscientes de nuestro entorno. Al comprender cómo funcionan los fenómenos naturales, podemos intentar tomar—y debemos tomar – pasos positivos tanto para sanar como para proteger mejor la naturaleza y nuestro universo al inducir causas positivas.

A través de esta comprensión, técnicamente podemos encontrar una manera de ejercer cierto control sobre el clima y otros fenómenos naturales hasta cierto punto y para predecir mejor su ocurrencia antes de que ocurran.

El punto principal de la discusión anterior de las leyes infalibles que gobiernan el universo es enfocarnos en la fisiología del cuerpo humano que forma un bloque de cuerpo único, con varios órganos y diferentes sistemas complejos que trabajan juntos, conectados como un todo en perfecta armonía para permitir un estado de salud como el universo, en su compleja composición, nunca falla en la ley de causa y efecto. Entonces, si todas las condiciones están presentes en un individuo para que presente un derrame cerebral, entonces ese individuo tendrá un derrame cerebral y esto es cierto hasta que la causa y el efecto de un derrame cerebral produzcan un resultado diferente. Lo mismo ocurre con todas y cada una de las enfermedades; una vez que todos sus prerrequisitos y condiciones están presentes dentro de cualquier cuerpo humano (causa), la persona comienza a mostrar algunos síntomas equivalentes al efecto exacto. La pregunta sobre qué tan bueno o malo para el cuerpo (la persona) no se hace en esta situación, ya que la enfermedad no esperará su consentimiento antes de mostrar síntomas. Lo llamamos enfermedad, pero en realidad podría presentarse como un fenómeno que ha tenido lugar dentro de su cuerpo. Un fenómeno que ha surgido sobre la base de las leyes de causa y efecto al igual que en el universo presentado anteriormente. No hay duda de que existe dentro del cuerpo un sistema de ley y orden que mantiene todos los órganos y sus sistemas juntos en armonía para mantener el cuerpo completo y saludable. Si existe una brecha en alguno de los sistemas y sus conexiones, el organismo va a reaccionar ante la brecha e intentará restablecer el orden dentro de él y al mismo tiempo, el efecto que la brecha ha causado se mostrará o desplegará como síntomas, puesto que existen algunas irregularidades en el orden que garantiza la salud. La pregunta que uno se haría será, ¿qué ha causado la falta de armonía? Una vez que encuentre la causa, será más fácil tomar precauciones para que la infracción no vuelva a ocurrir si el objetivo es mantenerse saludable. La única solución es comprender las causas de la enfermedad y revertirlas para inducir un resultado saludable mientras se mantiene un estilo de vida saludable.

El cuerpo humano está hecho de una conexión de átomos a moléculas, a células y tejidos y luego a órganos que están conectados entre sí a través de una cadena de sistemas. Cada órgano tiene un papel específico en nuestro bienestar. Si un órgano está desconectado del sistema, toda la cadena que conecta todos los demás órganos del cuerpo se verá afectada negativamente por esa falta de conexión.

Para que exista una salud perfecta o total, todos nuestros órganos corporales deben funcionar correctamente y trabajar juntos en armonía. Por lo general, la enfermedad ocurre cuando hay falta de armonía entre los órganos y sus células o funciones relacionadas. La enfermedad a menudo se debe a bloqueos u obstáculos en el flujo de energía interior. En ese caso, el órgano puede dejar de funcionar correctamente y ocasionar que la persona se enferme o presente fatiga. De ello se deduce entonces, que al considerar la salud del sistema digestivo, debemos tener en cuenta todos los órganos que aseguran su funcionamiento adecuado y confirman que están en perfecta salud y coexisten en armonía.

En resumen, la salud es la combinación del correcto funcionamiento de los órganos dentro de su sistema específico para asegurar un buen flujo de líquidos, nutrientes y energía por todo el cuerpo. Si queremos curar una enfermedad, debemos enfocar siempre la enfermedad desde el origen en lugar de solo tratar los síntomas. Solo atacando la causa principal, influiremos de manera positiva en el efecto curando la enfermedad y restableciendo un buen flujo en la conexión entre los órganos.

¿Este dolor de cabeza se debe al estómago, el bazo o los riñones? Es posible que sea causada por un órgano del sistema circulatorio o digestivo. Asimismo, los problemas oculares pueden tener su origen en un hígado que no funciona bien y los pies hinchados en el riñón que necesita atención.

El objetivo de tratar el cuerpo como un todo es devolver la armonía y aumentar el flujo de energía, rejuveneciendo el cuerpo a través de la activación de los poderes curativos naturales del cuerpo.

Así como en el universo todas las cosas tienen una función, todo en nuestro cuerpo ha sido creado para realizar un deber específico y sigue leyes naturales que todos los órganos y sus sistemas deben seguir para mantener el cuerpo sano. Sabemos que nuestras emociones y pensamientos pueden afectar negativamente nuestra salud; Asimismo, cualquier otra amenaza para el funcionamiento óptimo del cuerpo también debe provenir del contacto externo.

Si también consideramos nuestro cuerpo físico separado de nuestros cuerpos mental y espiritual, concluiríamos que nuestro cuerpo no es más que una máquina que necesita comida, agua y energía para seguir funcionando y mantener funcionando la función celular de nuestro cuerpo. Quizás esto explique por qué algunas personas pueden tener un buen cuerpo físico funcional pero pueden carecer de un cuerpo mental o espiritual saludable.

Sin embargo, al ver nuestro cuerpo físico como una máquina viviente que habla, queda claro que sin nuestros cuerpos mental y espiritual, nuestro cuerpo físico puede carecer de movimientos y creatividad. La vida no sería equilibrada ni siquiera posible; solo tendríamos un cuerpo vivo, pero sin vida.

Con este entendimiento, podemos concluir que no somos el cuerpo físico, sino que somos los cuerpos mental y espiritual porque sin esos cuerpos, el cuerpo físico por sí solo no tiene vida. El cuerpo físico es el cuerpo anfitrión, mientras que los cuerpos mental y espiritual son en realidad vida. Es por ello que además de comer alimentos saludables y aportar nutrientes saludables para mantener sano el cuerpo físico, nuestra salud se ve afectada, de manera negativa o positiva, por nuestras emociones, pensamientos y nuestra dimensión espiritual.

LEYES TÁCITAS QUE DETERMINAN NUESTRA SALUD FÍSICA FUTURA

Todo en el universo es matemáticamente calculable. Nuestros movimientos, nuestras acciones, nuestro caminar e incluso hablar se pueden resumir en números. El hecho de que el mundo, en todos sus aspectos, pueda reducirse a números es un hecho determinante: todo en el universo es relativo. Todo está siempre condicionado a una acción precedente que es matemáticamente calculable según cómo, cuándo, por qué, cuántos, qué tan fuerte, qué tan débil, qué tan profundo, cuánto tiempo. La acción precedente tiene impacto. Todo es relativo a las fuerzas detrás de cualquier acción o efecto. Si las fuerzas son fuertes, suaves o débiles se mostrará en el resultado, según su relatividad. Todo obedece a las leyes según su peso, longitud, profundidad, tamaño, distancia, fuerza, ancho, posición, etc.

Todo el universo está construido en una conciencia matemática, por lo que nada está desproporcionado y el universo en su conjunto permanece en equilibrio y perfecta armonía. Nada viene de la nada, y todas las cosas tienen que venir siempre de algo como resultado de algo inicial. Este universo inmutable es el resultado de tantas causas primarias que van surtiendo efecto según y siempre en relación con la causa primera. Cada causa produce su efecto único proporcionalmente y las mismas causas producen inevitablemente los mismos efectos.

Como parte de este universo, los humanos estamos sujetos a la misma ley. Todo en nuestra vida individual también está relacionado con causas anteriores. Eso incluye nuestra salud.

Todo en nuestro cuerpo físico puede calcularse matemáticamente y reducirse a números. La vida humana implica una forma matemática que se puede calcular en cualquier momento. Los números correctos describen buena salud; cualquier número que se desvíe de los números correctos provoca un efecto adverso en su salud. Necesita una cierta cantidad de alimentos, líquidos, nutrientes y vitaminas en relación con su peso y altura, los cuales pueden calcularse matemáticamente. Cada órgano necesita una cierta cantidad de oxígeno, energía, sangre y agua que es la adecuada para funcionar de manera adecuada. El sistema de órganos que forman el organismo en su conjunto tiene que fluir y conectarse entre sí sin ninguna interrupción. La cantidad exacta de cada uno es necesaria para el funcionamiento saludable de su cuerpo físico.

Si todos los órganos del cuerpo y sus sistemas en la cadena de conexiones son exactamente como debería ser un cuerpo físico normal, entonces tendrá una salud perfecta y completa proporcional a los números relacionados. Si hay alguna irregularidad en las cantidades requeridas, no importa cuán pequeñas, altas o bajas, todo lo demás a lo largo de la cadena cambiará en consecuencia como resultado del efecto. Tendríamos una enfermedad relativa que se ajusta a los cambios en los números.

Al aplicar las matemáticas a la salud, podemos detectar y prevenir cualquier posible desarmonía previsible dentro del sistema corporal comparando los números normales (volumen, cantidad, tamaño, etc.) para ver si los números permanecen estables, aumentan o disminuyen. El número no puede ser más bajo o más alto que el de la salud normal o se producirá una enfermedad en relación con el grado correspondiente que se verían afectados los órganos.

Siguiendo la misma conclusión lógica, específicamente que los números gobiernan la salud humana, todas las cosas dentro de nuestro cuerpo están interrelacionadas e interconectadas y todas las cosas actúan o reaccionan en proporción a la causa inicial. Esto significa que nuestro peso, altura, incluyendo fuerza y salud de nuestros órganos corporales, flujo sanguíneo, flujo de aire, incluso el más mínimo picor que sentimos, están relacionados con una causa principal.

El universo como un todo se gobierna a sí mismo automáticamente a través de números, ciclo tras ciclo y también lo hace nuestro cuerpo humano. Si comemos, bebemos y respiramos de manera saludable en combinación con el ejercicio adecuado, se logrará una buena salud corporal; y si no lo hacemos, eso también mostrará su efecto. En salud, todo es relativo y nuestra salud respeta la ley de la relatividad al igual que lo hace el universo.

Es importante destacar que la energía requerida dentro de nuestro cuerpo también se puede calcular en números. Se requiere una cierta cantidad de energía para un flujo saludable dentro de los sistemas de órganos de nuestro cuerpo. Se necesita el número correcto en nuestro nivel de energía para lograr una salud perfecta. Este número se basa en nuestro peso, estatura y la fuerza de nuestros órganos y es importante saberlo para que todo nuestro cuerpo pueda alinearse con el número correcto. Cuando el número en nuestro nivel de energía es mayor o menor, la salud de nuestro cuerpo se ve afectada relativamente, según el exceso o la falta de energía. Según nuestro peso corporal y estatura, se supone que tenemos en circulación una cierta cantidad de energía para un flujo saludable; si hay una desviación, se producirá un desequilibrio y la salud del cuerpo se verá relativamente afectada en consecuencia. Cuando hay más energía de la necesaria, también hay consecuencias para la salud, que son proporcionales a qué tan alto sea ese número.

Es fundamental darse cuenta y recordar que la energía es el elemento más importante para nuestro pronóstico de salud a largo plazo. Si no controlamos la cantidad de energía que quemamos a diario en nuestra edad más joven y la reponemos en las cantidades correctas, hacemos que nuestro cuerpo se debilite a medida que envejecemos, lo que finalmente reduce la capacidad de nuestro sistema inmunológico para combatir las enfermedades.

En resumen, nuestro cuerpo físico humano está construido matemáticamente en base a números y todo lo que existe dentro de nuestro sistema corporal funciona como parte de un todo y está conectado de manera relativa.

EL HILO INVISIBLE Y SU RELACIÓN CON EL CUERPO.

En este punto tenemos pruebas de que hay más por descubrir sobre nuestro cuerpo físico humano.

Nuestro campo de energía (hilo), conectado a nuestra aura, es parte de la anatomía energética de nuestro cuerpo.

El hilo facilita el flujo de energía dentro de nuestro cuerpo. Entonces debemos entender que debe existir una ruta específica y clara dentro de nosotros para permitir que la energía se canalice a todas las partes del cuerpo. La energía debe fluir suavemente para nutrir nuestro cuerpo de manera efectiva. Cuando hay bloqueos dentro del canal de energía (a lo largo de la ruta), el flujo, la velocidad, el volumen y el tiempo de entrega de energía a todas las partes de nuestro cuerpo se ven afectados, dejando a nuestro cuerpo y sus órganos insatisfechos. En ese caso, nuestro cuerpo no está recibiendo la energía que necesita y como se espera para el funcionamiento saludable de todos los órganos y sus sistemas. Si el bloqueo no se elimina ni se ajusta, nuestro cuerpo tendría que hacer frente y, eventualmente, podríamos enfermarnos o experimentar molestias mientras el bloqueo permanezca.

Como los órganos de nuestro cuerpo están conectados entre sí, cuando un órgano no funciona debido a la falta de energía, el siguiente órgano que depende de la eficacia de ese órgano para realizar su tarea sufrirá y proporcionará servicios deficientes, lo que empeorará nuestra salud.

LA RELACION ENTRE EL CAMPO ENERGETICO, LA MENTE Y EL CUERPO

Consideremos la visión holística de que la enfermedad ocurre internamente como resultado de la falta de armonía entre nuestros órganos y las emociones que tenemos, que a menudo están relacionadas con los desequilibrios dentro de la energía de los órganos. Esta sección se centrará en los desequilibrios en la energía de nuestros órganos en relación con nuestro cuerpo invisible interior o segundo cuerpo, nuestro campo de energía, a través de nuestra mente. Cuando nuestro cuerpo invisible interior se ve afectado, afecta la salud de nuestro cuerpo físico. El cuerpo invisible interior reduce su flujo de energía o, en algunas circunstancias, se ve afectado por las emociones asociadas. Como dijimos, cuando el cuerpo invisible interior se mueve o cambia su posición natural normal hacia arriba, hacia abajo o recolocándose dentro para adaptarse principalmente debido a la presión externa o interna, las estructuras físicas internas del cuerpo y la organización en la distribución de energía se ven afectadas en consecuencia. Las emociones asociadas a un órgano son la idea fundamental de la medicina china. Por ejemplo, el dolor es la emoción de los pulmones y el intestino grueso que a menudo desencadena un resfriado y una sensación de agotamiento energético, a veces acompañada de dificultad para defecar. La felicidad y la alegría son las emociones del corazón y el intestino delgado y cuando expresamos estas emociones, estamos alimentando nuestro corazón y la energía del intestino delgado y podemos ver nuestras experiencias de vida claramente con la mente clara.

Nuestro cuerpo interior invisible es responsable de la salud y el bienestar de nuestra energía física interna. Cuanto más atraiga el flujo de energía o se mueva de una manera adversa a un flujo de energía positivo, mayor será el daño a la energía almacenada de los órganos en nuestro cuerpo físico, ya que tendrá que adaptarse dentro de su propio circuito. Incluso entonces, entregará energía insuficiente o no entregará la energía de manera oportuna, lo que hará que los órganos de nuestro cuerpo se adapten a estos cambios, lo cual no son lo mejor para nuestra salud. Al hacerlo, el cuerpo físico sigue las leyes relacionadas con la conexión de causa-efecto entre la mente, el cuerpo y el alma. Nuestro cuerpo invisible interior se ve afectado por nuestros pensamientos, nuestros remordimientos y alegrías y nuestro entorno y refleja su estado en la mente y en el alma. Es como el vínculo directo con el mundo exterior; cómo nos tratamos a nosotros mismos y a los demás, cómo pensamos y cómo nuestro entorno afecta la estabilidad de nuestra mente y alma. Es cierto que el pensamiento positivo y las buenas acciones fomentan la buena salud, ya que contribuyen a un buen flujo de energía y, por lo tanto, tienen un impacto positivo en nuestro cuerpo interior. Los pensamientos negativos y las malas acciones, por otro lado, causan un bloqueo dentro de nuestro flujo de energía que afecta negativamente a nuestro cuerpo interior. Esto podría deberse a sentimientos de remordimiento asociados con estos modos negativos o conectados a las leyes del karma. Por lo tanto, si queremos que el flujo de energía en nuestro cuerpo interior sea físicamente saludable, debemos mantener positivos nuestros pensamientos, acciones y emociones.

Los síntomas de las diferentes enfermedades vinculadas a pensamientos y emociones internas suelen ser similares a los que se experimentan en el cuerpo físico por causas externas. En ambos casos, existe un desequilibrio en los órganos de nuestro cuerpo. En ambos casos, estos síntomas están relacionados con la incapacidad de nuestro cuerpo invisible interior para perpetuar eficazmente su energía y canalizarla a través de los órganos de nuestro cuerpo físico.

Para resumir, cualquier falta de armonía en nuestro cuerpo invisible interior o campo de energía llegará a los órganos del cuerpo físico debido a su conexión. Debido a la similitud de los síntomas, podría resultar difícil diagnosticar el origen de los síntomas y cómo aliviarlos.

Ejemplos de fenómenos de la vida que muestran los mismos síntomas que las enfermedades de origen físico, aunque su origen se encuentra en otra parte: ataques espirituales, bloqueos en el campo del aura, apego espiritual, un fantasma que intenta sacar el alma de alguien del cuerpo físico, un alma fuera del el cuerpo debido a experiencias cercanas a la muerte y estrés.

Si estamos decididos en el mantenimiento de una buena salud, es aconsejable tener en cuenta estas ideas al tratar a una persona enferma, recordando que los síntomas presentados por el paciente pueden haberse originado en un órgano distinto del órgano que presenta los síntomas o pueden estar directamente relacionados con estado mental y emocional del paciente, o ataques espirituales externos que crean desequilibrios en el flujo de energía.

Al final del día, cuando se des cuenta de lo que necesita para ser un ser humano sano y por qué, considera todo lo demás que hace que el universo en su conjunto funcione bien. Como sin ciertas buenas condiciones prevalecientes, el universo mismo mostrará efectos, así también, nuestra salud en general estará en peligro cuando las condiciones sean desfavorables.

En el lado positivo, la enfermedad puede dar lugar a un despertar espiritual y brindarnos el deseo de comprender y descubrir quiénes somos y, lo que es más importante, levantar nuestros ojos hacia el Creador mientras buscamos respuestas y ayuda divina en nuestra desesperación, preparados para convertir nuestra atención completa a lo que podemos aprender para nuestra salud, conocimiento y comprensión.

EL AURA

El aura es el campo electromagnético de energía que rodea nuestro cuerpo humano, así como el de cualquier entidad viviente (animales, plantas y árboles) e incluso objetos inanimados como una silla. El aura es un sistema de energía único que nos protege de la energía dañina (negativa) del universo. El tamaño de un aura puede variar desde unas pocas pulgadas hasta abarcar muchos pies o millas en todas las direcciones. El aura, como nuestras huellas dactilares, es única para cada individuo, es como una niebla multicolor que comprende siete capas de energía vital que irradian a través del cuerpo humano y cada capa tiene su función específica distinguiéndola de las otras capas. Cada capa es de un color diferente, que variará y cambiará dependiendo de nuestro estado mental, emocional y físico. Los colores también indican la fuerza de nuestro sistema inmunológico y nuestro yo auténtico, exponiendo nuestro carácter oculto a aquellos capaces de ver auras. Se sabe que la séptima capa del aura de los líderes espirituales suele ser brillante y, en ocasiones, hay un círculo sobre su cabeza de un color dorado similar a un halo.

LA IMPORTANCIA DEL AURA EN CONEXIÓN CON EL CUERPO.

El aura protege nuestro cuerpo y sus células de la energía negativa del universo que nos rodea, ya que parte de la energía del universo puede ser dañina para nuestra salud cuando se expone a ella. Tenga en cuenta que la energía también se descarga y se recibe en nuestra tierra desde otros planetas y galaxias. El aura es como nuestro escudo espiritual de Superman, que bloquea cualquier energía negativa para que no dañe nuestro cuerpo. El aura es la extensión del campo de energía dentro del cuerpo al mundo espiritual exterior envuelto alrededor del cuerpo físico, de la cabeza a los pies como una nuez en su cáscara. Nos protege de las energías negativas, de los hechizos y de los ataques espirituales dirigidos por nuestro prójimo, así como por los animales, las plantas y cualquier otra fuente. El aura, como un escudo y una envoltura, que rodea nuestro cuerpo, está primero en contacto con el mundo externo y si hay algo de suciedad en nuestro camino, primero caerá sobre el aura. Por eso es imperativo desempolvarnos de esas energías de vez en cuando para dejar espacio para la energía nueva.

Nuestra aura también proporciona a nuestro cuerpo energía positiva, ya que evita que la energía negativa dañina penetre en el cuerpo. Es el escudo protector que nos mantiene saludables y alegres al repeler la energía negativa. Nuestra aura personal, en su tamaño y magnitud, está asociada con nuestra salud física y la salud de todos nuestros órganos. Como nuestra aura representa y expone al mundo el estado de salud de nuestro cuerpo físico, se dice que los gurús espirituales pueden verlo con sus ojos espirituales e interpretarlo en función de su brillo.

Sin embargo, el estrés y la enfermedad afectarán negativamente al aura. Ciertas enfermedades pueden provocar lagunas en nuestra aura. Cuando algo bloquea el flujo de energía dentro del aura, nuestro escudo protector se debilita, haciéndonos infelices, deprimidos o enfermos. Se sabe que para restaurar el aura, limpiarla puede ser eficaz. Una forma de hacerlo es con técnicas de ejercicio como estiramiento y flexión.

RELACIÓN ENTRE EL AURA, LA MENTE, EL CUERPO CON EL UNIVERSO.

El estado de nuestra salud física afecta nuestra aura. Cualquier cosa que afecte negativamente a nuestro cuerpo humano también afectará negativamente a nuestra aura. Cualquier energía negativa del mundo físico externo afecta el aura.

Además, nuestros estados de ánimo, emociones, sentimientos, pensamientos e intenciones afectan el aura.

Hay ironía aquí, porque si bien la salud de nuestro cuerpo físico depende en gran medida de nuestro estado de ánimo, emociones, pensamientos, intenciones y flujo interno de energía, nuestro estado de ánimo, nuestras emociones, nuestros pensamientos y nuestro flujo de energía pueden verse afectados negativamente por nuestra salud física cuando estamos expuestos a los males externos del mundo. Esta es una prueba sólida de que los procesos de pensamiento y emoción y nuestros cuerpos están interrelacionados y son dinámicos.

De ello se siguió entonces que la salud total y perfecta debe involucrar nuestra salud física, mental espiritual. Y esa salud total y perfecta se centra en la suma de nuestros sentimientos, emociones, pensamientos y estilo de vida, incluyendo la dimensión espiritual.

En resumen, debemos estar de acuerdo en que la enfermedad es el resultado de causas externas o de una falta de armonía interna entre los órganos y sus emociones asociadas, la mayoría de las veces relacionadas con desequilibrios en la energía de nuestros órganos.

El aura, al protegernos de la energía no deseada que existe en el universo, da lugar al conocimiento de que nuestro universo está lleno de energía. Como seres humanos en este universo, con cualquier movimiento, si estamos caminando, de pie, corriendo o cualquier otra cosa, estamos sujetos a la ley de la gravedad. Mientras la gravedad nos empuja hacia abajo, la fuerza normal nos empuja hacia arriba y la presión del aire nos presiona por todos lados. Y debe tener en cuenta que la fuerza normal es en realidad geometría. Es la fuerza que soporta el peso de un objeto sobre una superficie y deberíamos estar agradecidos por esta fuerza porque es esa fuerza la que evita que caigas por el suelo. Gracias a la combinación de estas fuerzas, podemos caminar y pararnos sin caernos, y correr manteniendo el equilibrio. Podemos disfrutar de estas acciones que son posibles gracias a una cierta estructura natural establecida durante la creación.

LA IMPORTANCIA DE LIMPIAR EL AURA Y SUS SÍNTOMAS RELACIONADOS.

Siempre estamos en contacto con el aura de otras personas en nuestra vida diaria sin darnos cuenta ni prestarle atención. Nuestro aura corporal se mezcla y entra en contacto con las auras de nuestros compañeros de trabajo, familiares, amigos y peatones mientras interactuamos con el mundo. Cada vez que un aura entra en contacto con otra, ambos se lavarán y se conectarán intercambiando energías. Durante el curso de nuestra vida diaria, recolectamos energía de las otras personas con las que contactamos. Estas diferentes energías pueden ser negativas y cuando lo son, a la larga, tendrán un efecto negativo en nuestro bienestar general. También estamos expuestos a energías diferentes y potencialmente dañinas provenientes de la vida natural como la propia tierra, el sol, los océanos, las montañas, las plantas y los animales del universo.

Ya que somos conscientes de nuestra higiene personal, tomar un baño diario para eliminar la suciedad y el sudor acumulado, así como también, a medida que acumulamos energías no deseadas en la vida diaria que se depositan en nuestra aura, la limpieza regular de nuestra aura apoyará nuestro bienestar. Debido a que una persona con mala higiene puede enfermarse o resultar desagradable para los demás, si no limpiamos nuestra aura, se volverá más y más sucia hasta que nos enfermemos o nos hagamos desagradables a los demás. Desde un punto de vista espiritual, eso es lo que sucede cuando no nos gusta alguien a primera vista sin razón aparente, o cuando no nos sentimos cómodos en un lugar determinado y tenemos el deseo de irnos lo antes posible, simplemente para evacuar la zona. Cuando nuestra aura está limpia, garantiza un flujo suave de energía positiva por todo el cuerpo, manteniéndonos saludables y felices. Lo más importante es que un aura saludable atrae energía positiva y nos hace agradables para todos.

Hay varios síntomas que nos mostrarían que es hora de darnos un baño espiritual.

SÍNTOMAS QUE DEMUESTRAN QUE PUEDE TENER APEGOS EN SU AURA Y NECESITA UNA LIMPIEZA

- Se irrita fácilmente, se agita y siente rabia;
- Tiene poca energía, le falta energía y siente flojera;
- Se distrae fácilmente y no puede concentrarse en una cosa en un momento dado;
- Se preocupa constantemente y vive con miedo;
- Tiene muchas voces internas y conflictos internos;
- Tiene poca o ninguna motivación para la vida;
- Tiene pensamientos suicidas.

Desde el punto de vista de un curandero, toda enfermedad se origina por bloqueos en la anatomía energética. Cuando el bloqueo energético se elimina mediante la limpieza áurica, la enfermedad física desaparece. Se dice que la meditación es la mejor forma de mejorar el aura.

Según la creencia antigua y el conocimiento espiritual, tenemos los Chakras y los Meridianos junto con el aura. Estos constituyen algunas otras partes importantes de nuestra anatomía energética espiritual.

En resumen, los chakras y los meridianos son tan importantes como el aura. Contribuyen a nuestra salud en general y a nuestra fuerza mental y espiritual en relación con el universo y el Creador. También están vinculados y adheridos a los órganos de nuestro cuerpo y otras partes clave del cuerpo y juegan un papel muy importante en el equilibrio de nuestra mente, cuerpo y alma de manera enérgica y armoniosa. La anatomía espiritual humana es un gran campo para explorar, ya que descubrirá una gran cantidad de ventajas secretas para su salud.

REGLAS FUNDAMENTALES DEL BIENESTAR

Dado que no podemos cambiar las leyes de la naturaleza, debemos vivir y respetarlas.

La vida misma se rige por leyes. Para vivir una vida buena y saludable se requiere conocer esas leyes y vivir de acuerdo con ellas con comprensión. La vida se nos da gratuitamente pero para mantenerla y vivir bien, debemos vivir de acuerdo con las diferentes leyes que nos aplican con fidelidad y comprensión, o la enfermedad, ansiedad, estrés, noches sin descanso, falta de paz interior y una muerte prematuro será nuestra inevitable sentencia.

En cada momento de nuestra vida debemos estar atentos y hay cosas que siempre debemos considerar.

El que no controla lo que entra en su boca no está preparado para estar sano;

El que no se preocupa por lo que se lleva a la boca no está preparado para estar sano;

El que no elige lo que se lleva a la boca no está preparado para la salud;

El que no se da cuenta de lo que le entra a la boca, no está preparado para estar sano.

El que no sabe lo que es bueno y saludable para su cuerpo, no está preparado para estar sano:

El que no controla lo que sale de su boca no está preparado para el crecimiento espiritual;

A quien no le importa lo que sale de su boca no está preparado para un crecimiento espiritual;

El que no elige lo que sale de su boca, no está preparado para el crecimiento espiritual;

El que no se da cuenta de lo que sale de su boca, no está preparado para el crecimiento espiritual;

El que no sabe lo que es bueno y saludable para su cuerpo, alma y mente, no está preparado para el crecimiento espiritual;

El crecimiento espiritual significa tener su vida bajo control, tener su mente bajo control, tener su espíritu/alma bajo control, y tener sus emociones, sentimientos y acciones bajo control. Abarca saber lo que es bueno y hacerlo parte de un estilo de vida mientras se busca el verdadero conocimiento y la verdadera comprensión del universo.

Para lograr una salud perfecta, uno debe ser guiado hasta el umbral del conocimiento, pero el guía no puede cruzar la puerta con usted porque el guía ya está del otro lado. Solo usted, la persona que busca una salud perfecta, puede entrar y atravesar la puerta para que la salud perfecta se alcance individualmente con conocimiento y comprensión. Lograr una salud perfecta es una elección y un compromiso que uno debe hacer y trabajar para lograrlo. Nadie puede lograr una salud perfecta para los demás; es una decisión individual que el individuo debe desear y una experiencia individual.

Es fundamental que el conocimiento y la comprensión del Creador estén disponibles para todos, pero que se logren individualmente. El conocimiento y la comprensión representan al Creador; Quien desee conocimiento y comprensión, también debe desear al Creador. Solo cuando nos demos cuenta de esto y entremos por la puerta podremos alcanzar la salud perfecta.

La salud perfecta proviene del conocimiento del bien y del mal. La parte más difícil es tomar las medidas adecuadas para el cuerpo, la mente y el alma en todo momento, sin falta, no solo para nosotros mismos, sino también para los demás. Esta tarea puede parecer ilusoria e inalcanzable en nuestro mundo práctico, pero es posible si realmente nos encontramos con el Creador y entramos por la puerta sin reservas. Al otro lado de esa puerta está la salud perfecta.

KARMA: LA LEY SUPREMA.

Sabemos que el cosmos está regido por leyes. La ley de causa y efecto permite que donde hay una acción, debe haber una reacción en algún lugar como resultado directo de esa acción. Esta misma ley gobierna y procesa todos los pensamientos, palabras y acciones del universo. A esta ley la llamamos karma. De acuerdo con la ley del karma, todos nuestros pensamientos, sentimientos e intenciones cobran vida cuando se manifiestan. A medida que los ejecutamos, dan fruto como consecuencia. El fruto de nuestras acciones, buenas o malas, se conserva y se nutre hasta la época de la cosecha. Es como si el universo procesara no solo nuestros cuerpos, sino también todo lo que hacemos en la vida.

Es razonable, entonces, que si todos los procesos del pensamiento, la emoción y nuestros cuerpos están interrelacionados y vivos, entonces no hay nada muerto y el universo entero no es más que el reflejo externo de nuestra mente; Cualesquiera que sean nuestras acciones, hechos, pensamientos e intenciones, somos los beneficiarios directos de ellos, tanto individual como colectivamente. Dado que todas las acciones humanas tienen lugar dentro del universo y también se sabe que nada puede escapar del universo, nosotros, como individuos que vivimos aquí, compartimos los pensamientos y acciones mentales de todos los demás en la jungla de nuestras mentes colectivas. Esto significa que un pensamiento inocente ejecutado en África se convertirá en parte de la jungla mental universal y finalmente dará frutos en otro continente.

Tomemos el ejemplo de nuestra aura que cambia de color y conduce a significados únicos en la interpretación según nuestros estados e intenciones mentales, físicas y emocionales. Eso por sí solo es una prueba de que las cosas se registran de forma continua. Otro ejemplo de esto se puede ver en nuestras dos palmas porque se sabe que las líneas en las dos palmas de nuestras manos son registros de nuestro pasado, nuestro presente y nuestro futuro probable si nos mantenemos en el mismo curso que estamos con el misma mentalidad y con las mismas acciones que en el presente. Las líneas y la estructura de nuestros pies también pueden contar nuestras vidas.

La conclusión es que todo lo que hacemos en el universo se registra y, como somos los emisores de todas las cosas registradas, también somos los receptores de todas esas cosas. Por lo tanto, pueden hacernos felices y saludables o infelices y enfermizos.

Dado que ahora es justo decir que entendemos que todo lo que somos o hacemos hoy es el resultado de nuestras propias causas pasadas (porque somos, de hecho, el resultado neto de nuestros propios pensamientos y acciones pasadas), se sigue que todo lo que hacemos, y todo lo que se nos hace, sucede porque debe ser el efecto de una causa pasada. Lo que está sucediendo en el universo en este momento es exactamente lo que debería suceder porque el universo es el resultado neto directo de nuestros karmas individuales y colectivos combinados.

El karma no castiga; solo ajusta la energía en el universo siguiendo la ley básica de causa y efecto, también conocida como "cosechas lo que siembras". El karma es la ley de las leyes y no conoce compromisos. Recibimos retribución por nuestros pecados, pero no por ellos. El karma en sí mismo no es ni bueno ni malo, sino un principio neutral que gobierna la energía y el movimiento de pensamientos, palabras y acciones.

Al hablar del karma, es difícil no mencionar también el sino y el destino porque, en mi opinión, los tres son lo mismo, aunque se explican de diferentes maneras. El sino y el destino no se sostendrían si la existencia del karma no fuera un hecho. Los dos son las consecuencias consiguientes al karma, lo que hace que el karma siempre sea inevitablemente consistente. El "sino" invoca la idea de que hay algo más allá del alcance de la humanidad que gobierna nuestra vida y decreta que algo nos sucederá de una manera imparable porque está fuera de nuestro control. "Destino" es en lo que viviremos, ya que todo lo que hacemos en un momento dado fue predeterminado y ordenado. En resumen, tanto el sino como el destino son exactamente lo que representa el karma; específicamente, que cualquier acción que cometamos en el curso de nuestra vida, recibiremos exactamente lo que nos hemos causado a nosotros mismos, a los demás y al universo y sucederá inevitablemente sin posibilidad de interferencia o modificación.

El karma, el sino y el destino son similares en sus efectos. Su única diferencia es que el karma se basa en las acciones del hombre, mientras que los otros dos se derivan de una fuente divina o misteriosa. No sabemos si el sino y el destino están vinculados a nuestras propias vidas pasadas, ya que la ley sigue siendo suprema y resiste el tiempo y el espacio.

El karma sostiene que cualquier acción cometida por nosotros en este universo se almacenará o registrará automáticamente dentro del universo como energía neutra hasta cierto momento en que alcance la madurez, momento en el que esa misma energía viajará de regreso al remitente de la acción inicial. El karma se transforma en sino y destino cuando la energía neutra regresa al remitente. Uno tiene una connotación social positiva ya que el destino se usa para referirse a algo positivo como en, "Era su destino convertirse en presidente o lograr este objetivo" y el otro a algo negativo como en, "Fue su sino sufrir el accidente o morir a una edad temprana en un incendio forestal". Pero, al final del día, ¿importa cuándo se nos ha dado la libertad de elegir?

Veamos los conceptos de azar, suerte y coincidencia. Todos están gobernados por el karma, ya que todo vuelve al remitente mediante la creación de una serie de eventos (efecto) interconectados e interrelacionados que conducen al origen a la energía neutral previa del remitente (causa). El karma determina para siempre lo que sucederá con un individuo cada segundo siguiente, pues el karma es la ley que asegura que toda la energía enviada por cualquiera y todos esté equilibrada a través de las leyes del universo, garantizando que toda la energía se desarrolle para mantener el universo equilibrado. Los seres humanos todavía tienen la libertad de elegir de forma independiente y libre la forma en que quieren vivir, cómo quieren actuar y qué quieren pensar. Somos los únicos que decidimos si vamos hacia la izquierda o hacia la derecha, si nos detenemos o avanzamos.

El karma nos acompaña a medida que avanzamos en nuestro día, por lo que podemos cambiar nuestro karma de bueno a malo o de malo a bueno cuando cambiamos la forma en que nos comportamos y actuamos con otras personas, con nosotros mismos y con el universo. De hecho, el karma cambia cuando cambiamos comportamientos, pensamientos e intenciones. El cambio más profundo para nuestra ventaja ocurre cuando nos arrepentimos actuando con un nuevo espíritu y comenzamos a hacer buenas obras por los demás con amor y sin esperar ninguna recompensa; la causa y el efecto pueden terminar ahí.

LA DUALIDAD EN EL UNIVERSO.

Debemos nuestra libertad de acción al hecho de que todo en el universo está en dualidad. La muerte y la vida, la izquierda y la derecha, lo bajo y lo alto, el este y el oeste, lo positivo y lo negativo vienen en forma de dualidad. Al vivir en este universo, estamos expuestos a esa dualidad y tenemos todo y sus opuestos. Todo en nuestra vida implica una elección, y existen buenas y malas elecciones. Se nos ha dado plena autonomía de acción y se asume que somos responsables de nuestros actos, sean buenos o malos. Cada elección que hacemos crea un patrón consecuente en el universo. Lo positivo siempre cosecha positivo y lo negativo cosecha negativo. Eso es lo que llamamos la ley suprema, que es el karma.

Si lo positivo devuelve lo positivo y lo negativo devuelve lo negativo, y asumiendo que deseamos experiencias positivas, será prudente concluir que es necesario que todos se amen de manera incondicional y que hagan por todos lo que nos gustaría que hicieran por nosotros. Amar a todos no es tarea fácil. Se necesita mucho conocimiento y comprensión de quiénes somos como personas y qué representamos para el universo. Primero debemos amarnos a nosotros mismos y luego proyectar ese amor de nosotros en todos. Se dice que si quieres amar tienes que entender, y si quieres entender tienes que conocer a Dios, y conocer a Dios es amar a Dios, como amar a Dios es sentir su amor por ti. Una vez que entendemos, aprendemos a aceptar lo que es, sea lo que sea, y no deseamos que sea de otra manera.

SERES HUMANOS, DUEÑOS DE SU DESTINO.

Como se ha dicho aquí muchas veces, el universo funciona mediante leyes. Se cree que todo lo que hacemos en la vida desde el día en que tomamos conciencia de lo que está bien y lo que está mal queda registrado en algún lugar invisible, así como en nuestra memoria, ya sea consciente o subconsciente. Poco después del nacimiento, nos convertimos en responsables de trazar el destino de nuestra vida. Nuestros pensamientos y acciones dan forma a nuestro destino. Si queremos estar sanos debemos practicar una forma de vida que garantice nuestro bienestar.

La vida cotidiana nos muestra que debemos moldear de forma activa nuestro destino. Cualquier cosa que decidamos hacer es nuestra elección. De alguna manera, seguimos siendo responsables incluso cuando nos vemos obligados a tomar ciertas decisiones bajo presión o cuando estamos comprometidos con ellas debido a limitaciones en nuestro conocimiento y comprensión. Desde el punto de vista del karma, nada es excusable como buenas o malas acciones; ambos siempre serán recompensados al máximo sin discriminación ni distinción. Si nos dejamos caer o experimentamos nuestros instintos inferiores en momentos difíciles, debemos actuar para superar esos instintos en el futuro, teniendo en cuenta que nos están vigilando y todo se está registrando.

Debido a que vivimos en un mundo donde todos tienen que literalmente tomar el asunto en sus propias manos, nos enfrentamos todos los días a una guerra de mentes y pensamientos invisible pero muy real. Todos los días nos enfrentamos a la mente y pensamiento de todos los demás por el reconocimiento de estatura, riquezas, respeto, amor, justicia o paz. Cuando intentamos imponernos o ser reconocidos en cualquier avenida de la vida, nos encontramos con las mentes y pensamientos de otras personas que también tienen al mismo objetivo. Así comienza la batalla de las mentes y los pensamientos y quien permanece enfocado y con mente fuerte junto con la perseverancia termina superando los logros.

En un mundo de competencia y donde existe una ausencia casi total de cuidado o tolerancia por los demás, en un mundo donde la corrupción se encuentra en casi todos los niveles de clases sociales, el amor al prójimo se vuelve casi inexistente. En un mundo donde la manipulación y la confusión tienden a ser la principal herramienta para promover la búsqueda de intereses personales centrados en la idea de desconexión y el miedo a no tener éxito en la vida, muchas personas tienden a comprometerse con sus principios y estándares de vida. moralidad simplemente para hacer dinero. Llenos de miedo a ser los últimos en la carrera de ratas, muchos están en este mundo para ganar a toda costa. No se preocupan por las consecuencias directas o indirectas de sus propias acciones sobre los demás o sobre ellos mismos. Por el simple hecho de ser el primero, la corrupción, las puñaladas por la espalda, las trampas, la mentira, la manipulación de datos, la comisión de asesinatos y otros delitos violentos se convierten en parte de la vida y quien sobresalga en estos juegos seguramente ganará la carrera en un mundo material. Pero realmente terminan siendo los verdaderos perdedores después de todo.

Es comprensible que la presión de la vida misma y las cargas que la acompañan con demasiada frecuencia afectarán y cambiarán el bien en mal, el amor en el odio, el altruismo en egoísmo, pero al final del día, todavía somos responsables de nuestras vidas. Seguimos siendo dueños de nuestro destino porque seguimos siendo responsables de nuestras decisiones y acciones, incluso si no son posibles o saludables. Algunas circunstancias extremas pueden dar un sentido de legitimidad a nuestras malas acciones y malos actos porque las razones detrás de ellas para que el fin justifique los medios, pero no obstante, las reglas no cambian. Somos lo que hacemos y el mundo es lo que somos como pueblo. Como se dijo una vez, si queremos un mundo mejor, debemos mirarnos en el espejo y hacer un cambio.

ENTENDIENDO EL MUNDO.

El mundo está compuesto por todo tipo de teorías, creencias, culturas, tradiciones, descubrimientos, inventos e ideas. Cada generación tiende a tener su propia concepción de las cosas, tiende a ser autor de su propia explicación de cómo esto y aquello llegaron a existir. En algún momento, lo que una generación percibió y entendió como cierto puede parecer contradictorio con las generaciones anteriores o posteriores. En resumen, la evolución ha sido una recopilación de contradicción tras contradicción a medida que nuestros puntos de vista, necesidades y comprensión cambian.

Todos somos rehenes en el mundo de las creencias. Si hubiéramos nacido en una época, país o cultura diferente, vivido en un vecindario diferente o recibido nuestra educación en una escuela diferente;

muchas de nuestras creencias pudieran haber sido diferentes de lo que son ahora. Es impactante darse cuenta de que muchos de nosotros casi llegamos a la edad adulta con creencias falsas y comprensiones falsas incluso sobre los asuntos más cruciales. Este entendimiento solo llega a cada individuo cuando nos interesamos en descubrir la verdad y buscar una comprensión del mundo. Entonces llegamos a comprender que cada sociedad ha tenido historias, creencias y tradiciones, y que ha proporcionado incentivos para que las masas las acepten como verdaderas, lo sean o no, y los disidentes marginados o perseguidos como peligrosos.

En general, los seres humanos pueden ser etiquetados como criaturas impulsadas por un propósito que actúan para promover su propio interés y satisfacer sus propios deseos y anhelos sin tener en cuenta necesariamente los daños infligidos a su entorno. Entendiendo esto, debemos saber que nuestras vidas y creencias reflejan las limitaciones que nos imponen nuestra historia, cultura, raza, clase y género y, por supuesto, nuestras circunstancias personales. El mundo como lo vemos no es más que el producto de nuestras creencias y prejuicios que parecerían ser sólo un conocimiento parcial de nuestra naturaleza real.

Es innegable que siempre aprendemos de personas que aprendieron de otras personas, ya sean maestros, predicadores, líderes espirituales, científicos, sabios, padres, etc. Por lo tanto, nuestras vidas y el éxito de nuestros esfuerzos intelectuales o espirituales actuales están muy influenciados por las creencias y teorías que heredamos tanto de los demás como del pasado. No obtenemos conocimiento con una mente abierta e imparcial; estaremos siempre limitados a perspectivas y comprensiones parciales y distorsionadas, sabiendo que nuestros juicios y conclusiones no podrían ser más precisos que las teorías y creencias de fondo en las que confiamos para crear las nuestras.

Habiendo entendido cómo nuestras teorías y creencias preexistentes influyen fuertemente en nuestra comprensión del mundo, debería hacernos humildes mientras buscamos la verdad correcta sin prejuicios, o todos podemos ser rehenes y víctimas de esos prejuicios. Esto no implica suponer que todo lo que sabemos u oímos sea mentira, pero es aconsejable actuar con cautela y comprobar la fiabilidad de una creencia antes de aceptarla.

RELATIVIDAD UNIVERSAL DE NUESTRAS PERCEPCIONES Y ACCIONES.

Otro aspecto de la relatividad universal en todas las cosas, incluidas las personas en general, se puede ver en la forma en que cada uno de nosotros piensa, percibe y vive la vida. Todos vivimos la vida dentro de los límites de nuestro entendimiento y nuestra filosofía de la sociedad y el universo. La forma en que nos comportamos, la forma en que interactuamos con los demás, la forma en que nos tratamos a nosotros mismos y a nuestro carácter, todo depende de nuestra comprensión del mundo. Nuestras acciones hacia nosotros mismos y hacia el mundo están guiadas por lo que sabemos y creemos que es verdad. Nuestras acciones siempre son relativas a lo que sabemos, lo que hemos experimentado y lo que creemos. Quién soy, es cómo actúo. Lo que sé, es verdaderamente cómo trato mi cuerpo, mi mente y mi alma. Quién soy, se basa en los valores que tengo en la vida. Mi predisposición a amar a todos y considerarlos iguales y perdonables se basa en mis creencias, mi carácter interior y mi comprensión general del universo. Es importante destacar que la sociedad en la que vivimos tendrá un impacto si tratamos a los demás y a nosotros mismos de manera positiva o negativa, ya que, en mayor parte, es a quien le debemos lo que sabemos.

Pero a pesar de que aprendemos principalmente de la sociedad, generalmente llega un momento en que comenzamos a ser críticos y a cuestionar seriamente ciertas formas de vida que la sociedad ofrece y acepta. La sociedad proporciona enseñanzas positivas y negativas al mismo tiempo. Depende de nosotros aprender a distinguirlos y este ejercicio depende de nuestro carácter interior y de en quién decidamos convertirnos.

A nivel espiritual, la existencia de varias culturas y creencias que existen y han existido nos obliga a ir dentro de nosotros mismos si queremos encontrar la verdad y la verdadera comprensión del mundo sin perjudicar a los demás ni culpar a los demás. Primero debemos comprendernos a nosotros mismos antes de intentar comprender a los demás o al mundo en general. Tendríamos que entender nuestra propia mente, nuestros propios pensamientos, nuestras propias emociones y nuestro propio propósito si queremos ver el mundo con nuestro verdadero yo puro y hacer nuestras propias acciones en lugar de aquellas influenciadas o heredadas.

ENTENDERSE A USTED MISMO Y A LAS PERSONAS QUE LO RODEAN.

Para comprenderse a usted mismo, considérese en algún momento de la vida antes de despertar, víctima de la historia y de la sociedad, provocando que haya actuado consigo mismo y con los demás con prejuicios o indiferencia pero sin culpa alguna por ser limitado en conocimiento y comprensión.

En los siguientes párrafos utilizaré a la primera persona para inducir la propiedad y para que pueda ser atractivo para el lector como si tuviera una base personal.

Para entenderme a mí mismo, primero tengo que admitir que estoy loco, que estaba loco. Tuve que admitir la locura dentro de mí, la locura que controlaba mi mente y mis pensamientos.

Entonces noté que había diferentes voces dentro de mí que se disparaban cada vez que quería tomar una decisión o dar mi opinión sobre un tema determinado. Una voz diría esto, la otra diría aquello y luego, posiblemente, una tercera diría: "En lugar de esto o aquello, haz esto otro". Me di cuenta de que necesitaba unir todas esas voces dentro de mí para formar una voz coherente para que cualquier acción que emprenda fuera una representación completa de mí, pero no de tantos "Yos" desconocidos dentro de mí. En verdad, todo lo que había sabido o aprendido de la sociedad siempre determinaba mis reacciones, ya fuera una acción tomada apropiada o inapropiada, dependiendo de la eficiencia con la que la sociedad y mis "maestros" me enseñaron. Hay acciones en nuestra vida que no hubiéramos tomado si no fuera por alguna influencia externa o límites en la comprensión que nos impiden actuar de otra manera en lugar de aceptar la influencia. Nuestra moral refleja la intensidad y extensión con la cual nuestro entorno afecta nuestros comportamientos.

Para lograr mi objetivo de aprovechar estas diversas voces dentro de mí, tuve que practicar el autocontrol sobre las acciones, pensamientos y hechos que llevaría a cabo, siendo consciente en todo momento con la esperanza de hacer que mi verdadero yo floreciera. Me parecía que la atención plena constante me transformaría de inmediato y a todo lo que haría, haciendo que mis acciones vinieran directamente desde dentro de esa persona auténtica. De esa manera, mi "Sí" sería Sí y mi "No" sería No.

También tendría que cultivar el pensamiento positivo en todo momento, absteniéndome de tener malos pensamientos, ideas, sueños, deseos y palabras. Necesitaba detectar constantemente cualquier mal pensamiento destinado a mí mismo o a los demás de manera instintiva antes de actuar y erradicarlos. Para lograr este objetivo, tenía que estar dispuesto a aceptar conscientemente lo malo como malo y lo bueno como bueno sin tratar de distorsionarlos. Lo que significa que no habrá más autojustificación por malas acciones, independientemente de los motivos o fines.

La negatividad tenía que entenderse como mala si era malo para empezar, incluso si el resultado consecuente me hubiera parecido positivo o ventajoso. La prueba que usé para distinguir entre lo bueno y lo malo era simple: ¿trataba a los demás de la misma manera que quería que me trataran a mí? De esa manera me abstuve de hacer a los demás lo que no quería que me hicieran a mí.

Tuve que reconocer todas mis emociones y etiquetarlas como positivas o negativas, malas o buenas y trabajar para eliminar las negativas o malas una por una. Se sabe que emociones como la ira, el engaño, el odio, los celos, el miedo, el orgullo, la lujuria, la avaricia, la rabia, las represalias, la venganza, la malicia, la confusión pueden clasificarse como emociones negativas. Son emociones negativas porque tienen un impacto negativo en nuestra salud y también afectan negativamente a las personas que nos rodean. Es importante saber que cuando se trata de comportamiento y reacciones emocionales, todos nos quedamos cortos en algún momento hasta que decidamos controlarlos. Me dijeron que estas emociones negativas provenían de mi mente desenfrenada, porque todavía era egoísta ya que me veía a mí mismo como el centro del mundo. Esa mente ha sido una víctima inocente de su entorno y ha estado expuesta a la negatividad de la sociedad.

Una vez que entendí esta parte de mí y me di cuenta de dónde me había quedado corto, fue más fácil comprender a las personas que me rodeaban cuando se comportaban o se portaban mal. El haberme expuesto a mis propias limitaciones y prejuicios y haberme dado cuenta de lo difícil que es ser libre, me hizo humilde al tratar con los demás.

Se requiere autocontrol, atención plena y comprensión de los comportamientos y acciones de otras personas para mantenerse por encima de cualquier colapso emocional y reacciones negativas. Cuando se cultivó y se trató el arte de detectar y clasificar las emociones dentro de uno mismo, las interacciones con los demás se liberaron de los juicios e impartieron la capacidad de comprender. La comprensión y la autoexplicación de cómo y por qué actué de cierta manera fue beneficiosa y una guía honesta para comprender y explicar los actos de los demás. A través de la comprensión, me liberé de la autocondena y simultáneamente dejé de juzgar a los demás. Entenderme a mí mismo fue la clave para entender el mundo. Puede que el mundo no sea perfecto, pero una vez que conocemos nuestro verdadero yo y nos volvemos realmente responsables de nuestras propias acciones, hace una gran diferencia. Solo cuando nos conocemos a nosotros mismos podemos avanzar en nuestro viaje sin ser víctimas de enseñanzas depredadoras.

LA UNIVERSALIDAD DE LA VERDAD

Solo podemos encontrar la verdad cuando la buscamos. La verdad no se da; hay que esforzarse por conseguirla. La verdad debe conocerse de manera individual. No puede enseñarse simplemente; sólo podemos ser guiados hacia ella. Podemos conocer y leer la verdad y podemos aceptarla como verdad, pero hasta que pongamos nuestra propia mente y pensamiento en ella y meditemos en ella, nunca la entenderemos como verdad. La meditación, el pensamiento intenso, refutarlo de manera crítica son algunas formas de descubrir la verdad.

La verdad es universal. No puede ser propiedad de un individuo o de un determinado grupo de personas. Puede transportarse a los cuatro rincones del mundo y demostrarse y seguir siendo verdad. Cualquier cosa que se crea que es verdad que no se puede llevar a ningún otro lugar del universo y que sigue siendo verdad no debe llamarse verdad. Puede ser una verdad conveniente o un entendimiento compartido por un grupo de personas, pero no es la verdad inmutable.

La verdad no es obra del hombre; no inventamos la verdad y no se puede manipular. Ha existido antes que los humanos y comenzamos a descubrirlo al intentar comprender algunos aspectos o hechos misteriosos del universo. Yo puedo encontrarla, tú la puedes encontrar; cualquiera en cualquier parte del universo podría encontrarla, ya que es la realidad que existe en el universo. No es subjetivo. O es cierto en todas partes o no es cierto en absoluto. Incluso la persona más inteligente y astuta del mundo no puede cambiar o transformar la verdad para que se ajuste a sus deseos e intenciones. Pueden tratar de ocultarnos la verdad o tratar de corromperla como deseen, pero no pueden evitar que alguien descubra la verdad por sí mismos porque la verdad permanece inalterada y sin cambios en el universo.

Lo que sea que fuera cierto al principio de los tiempos sobre el universo sigue siendo cierto hoy y seguirá siendo cierto para siempre. No hay fecha de vencimiento para la verdad. La verdad puede ser aplicada en todo momento, en cualquier lugar y en un momento dado por cualquiera que la conozca.

Todo lo que proporciona nuestro universo es la verdad eterna. Todo lo que se encuentre o se descubra sobre el universo es cierto. Todo lo que el hombre ha hecho ha fallado cuando se prueba a nivel universal. Cualquier verdad que la humanidad haya creado es una verdad teñida que se nos impone, que es subjetiva y acuñada para adaptarse a las intenciones y deseos de alguien, una verdad inventada para engañarnos o dominarnos alimentándonos con lo que no es completamente cierto.

Cualquier "verdad" que no pueda sobrevivir a la prueba de universalidad puede no estar basada en la verdad. Más bien, es el producto de la imaginación pura, inventada para llamar la atención sobre algo o alejarlo de algo o para hacer que alguna creencia sea excepcional a los ojos de las personas.

La verdad es independiente de la participación humana. No es necesario creerlo para que exista. Existe ya sea que elijamos creer o no. Simplemente existe como la verdad. Lo crea o no, está ahí. Que el sol sale por el este y se pone por el oeste es cierto y sigue siendo cierto incluso si elegimos no reconocerlo o creerlo. Alguien podría optar por llamar a esa bola amarilla en el cielo de otra forma que no sea el sol, pero eso no cambia la verdad: esa bola amarilla se levanta en el mismo lugar todas las mañanas y descansa en el lado opuesto por la noche solo para volver a levantarse a la mañana siguiente. La verdad permanece y es universalmente cierta. En esta nota para el registro, debemos saber que es la tierra la que gira alrededor del sol aunque el sol gira en algún momento a su propio ritmo; la tierra es la que le da la vuelta. La Tierra gira alrededor del sol haciendo que parezca que el sol sale y se pone cuando en realidad La Tierra gira alrededor de él en un círculo.

BÚSQUEDA DE LA VERDAD Y SUS DIFICULTADES.

La sociedad, los grupos de personas, las tribus y las familias se crearon para satisfacer nuestra necesidad de estabilidad, seguridad, reproducción y, lo más importante, como un medio de control sobre nosotros y nuestras acciones. Las personas se unen para combinar sus fortalezas y protegerse mejor, creando su propia identidad grupal. Para que cualquier grupo, familia o sociedad funcione correctamente y responda mejor a las necesidades de la sociedad, deben estar organizados. La organización requiere reglas. Deben trazarse límites. Todos en el grupo tienen que respetar esas reglas y límites o pagar las consecuencias por desobedecerlos. Los valores éticos y morales deben establecerse y enseñarse a todos a nivel de grupo para garantizar la armonía entre las personas, sus familias y amigos. Esta forma de vida se desarrolló y se transmitió de generación en generación con pocos cambios realizados para reflejar las necesidades cambiantes de la sociedad.

Si asumimos que las culturas, creencias y tradiciones se desarrollan junto con la historia humana como seguridad para salvaguardar a la humanidad, no hay duda de que, como en tiempos pasados, algunos intentarían aprovechar nuestra cultura, nuestras creencias y tradiciones para dominarnos mejor. Era costumbre que si el objetivo era destruir una tribu o cualquier grupo de personas organizadas, una forma segura era interferir con sus valores culturales y sistemas de creencias. No es sorprendente que después de la guerra, el bando perdedor se viera obligado a renunciar a su propia identidad como pueblo y abrazar las culturas, creencias y tradiciones del vencedor o, de lo contrario, moriría.

No insistiré en que nuestras culturas, creencias y tradiciones estén siendo infiltradas por personas malvadas empeñadas en desorganizarnos y desviar al mundo de acuerdo con su plan; sin embargo, la conclusión es que ninguna cultura en nuestro mundo ha permanecido libre de los deseos y anhelos de algunos. Antes de la iluminación, nuestros deseos y deseos nos impulsan egoístamente, lo que hace que nuestras posiciones o puntos de vista cambien en consecuencia. Quizás tenemos un deseo constante de tener razón y dominar a los demás a cualquier precio. No obstante, a cada uno de nosotros se nos encarga el juicio de elegir entre ser realistas o ceñirnos a la creencia habitual de que si una creencia o tradición ha sobrevivido a través del tiempo y las generaciones, debe ser por tanto cierta. Pero si es una creencia popular, ¿debe tener una base legítima en la verdad?

Lo cierto es que ninguna cultura, creencia o tradición merece ser seguida total y ciegamente y aceptada en todos sus aspectos como nuestro fundamento en la verdad como guía para tratar con los demás o con nosotros mismos. La tarea recae en cada individuo para hacer nuestra debida diligencia personal para encontrar la verdad verdadera y el verdadero entendimiento.

En nuestra búsqueda de la verdad, es necesario considerar que ninguna cultura, creencia o tradición mantiene la verdad absoluta o es superior a cualquier otra y que cada cultura, creencia y tradición en el mundo podría tener el potencial de sostener la verdad absoluta. Podemos comenzar por no tener ninguna creencia y mantener la mente abierta sobre todo lo que nos rodea y luego dejar que la verdad nos impacte a medida que la descubrimos. Buscar la verdad sin un conjunto de creencias es una forma de evitar un prejuicio que posiblemente podría impedirnos mirar por todas partes y considerarlo todo.

Puede parecer una tarea difícil y desafiante dejar en blanco nuestra mente de lo que la sociedad, nuestra propia cultura y creencias nos han enseñado a lo largo de los años, pero es un camino que debemos estar dispuestos a tomar si queremos encontrar la respuesta a nuestras preguntas. Cuestionarlo todo conscientemente, empezar de nuevo y considerar todas las posibilidades le llevará a uno a la verdad. Si nos aferramos a una creencia o cultura particular, compararemos las nuevas creencias y culturas con aquellas como medida de credibilidad. Nuestro objetivo aquí no es encontrar lo que puede tener sentido o lo que se ajusta a nuestra concepción de cómo deberían ser las cosas, sino más bien descubrir lo que trasciende el tiempo y el espacio y permanece universalmente cierto para siempre. Debido a que solo podemos pensar o percibir las cosas como buenas o malas por cómo se comparan con lo que sabemos, será mejor que dejemos atrás todo lo que ya sabemos y olvidemos todo lo que ya creemos. Entonces, estaremos un paso más cerca de encontrar la verdad.

LA VERDAD SOLO LA ENCUENTRAN LAS PERSONAS DE MENTE FUERTE

Una persona de mente débil no puede encontrar la verdad. La búsqueda de la verdad requiere perseverancia, determinación y mucha paciencia, tranquilidad y disciplina. Empiece por no aceptar todo lo que escucha a su alrededor en la sociedad. Si se apresura a dejar de buscar, nunca encontrará la verdad. La verdad es para aquellos que se atreven a cuestionar las cosas que les rodean. Se necesita mucha curiosidad y falta de interés en lo que la gente piensa de usted porque una vez que comienza a buscar la verdad, cambiará drásticamente la forma en que solía hacer las cosas, ya sea con su familia, amigos o su entorno e incluso empiezas a cuestionar su estado mental.

Deja de seguir ciegamente a los demás porque ahora intenta entender al hacer preguntas a los ancianos que se resisten a darle las respuestas correctas. Una clave importante en la búsqueda de la verdad es practicar el arte de escuchar y permanecer en silencio y humildad en todo momento. Tenga en mente que las personas antes a usted han encontrado la verdad. Entonces, lo que debe hacer es meditar sobre lo que han dicho sobre todos los temas sobre el universo y la vida en general hasta que los entienda por completo y pueda explicarlos; luego los aplica a su espíritu interior y comienza a hacer sus conexiones, una tras otra, como una cadena de verdades porque una verdad lleva a otra y así sucesivamente mientras sigue buscando hasta que descubra cómo funciona el universo, cómo cada ser viviente y el todo el universo funciona en conjunto, cómo funciona usted y de qué está hecho y, lo más importante, cómo todas las cosas en el universo están conectadas e interrelacionadas, lo que lleva a un origen.

Una vez que se da cuenta de la unidad de todas las cosas, usted comienza a digerir todo este nuevo conocimiento y comprensión en su mente y alma. Con el tiempo, se mostrará en su carácter, en la forma en que se trata a usted mismos y a los demás.

Es posible que pronto se convierta en una nueva persona con una comprensión total del universo y de sí mismo y de los demás. La complejidad y la belleza de cada creación y su relación entre sí le inspirarán respeto por quien sea o lo que sea que los haya creado. Con el tiempo, se enamorará del Creador y admitirá humilde y totalmente la supremacía y el poder del Creador sobre todas las cosas. Simplemente usted se volverá consciente de su papel como parte del árbol de la vida.

Finalmente, cuidaremos de su creación cuando nos demos cuenta de cómo el Creador valora a todos los seres vivos del universo al protegerlo, enseñarlo, sanarlo y nutrirlo desinteresadamente con amor y respeto incondicional. Esta verdad última va más allá de la religión, la cultura, las creencias y la tradición.

Es un hecho que a medida que crece su conocimiento y comprensión, su mente y alma también crecen. Su alma y mente maduran a medida que descubre las verdades que vienen una tras otra. El despertar de su alma y mente adquiere una dimensión espiritual, ya que cuanto más sabe y comprende, más consciente y espiritual se vuelve.

IGUALDAD UNIVERSAL DE LA HUMANIDAD

Los seres humanos somos iguales. Ninguna vida humana vale más que otra. Todos enfrentamos el mismo destino en el universo. Ya que fuimos construidos de la misma manera por el mismo Creador, compartimos también el mismo destino. No hay ser humano estúpido o inteligente; todos tenemos defectos. Todos tenemos las mismas necesidades básicas de comida, agua y un lugar para dormir. Todos entramos al mundo físico, desnudos y dejaremos el mundo físico. Tenemos el mismo potencial y capacidades mentales y espirituales. El universo nos permite a todos las mismas oportunidades, las mismas leyes naturales, los mismos privilegios y sobre todo la misma consideración sin discriminación.

La vida y la muerte se comparten por igual. Cada cosa y su opuesto habita en todos nosotros. Nadie escapa a la dualidad de sentimientos y emociones como la alegría, la felicidad, la tristeza, el amor, el odio, la ira, el engaño, los celos, la paz, la avaricia, el miedo, la envidia y el orgullo, etc. Dentro de todos nosotros, habitan los buenos y los malos uno al lado del otro, el humilde y el ego, el sabio y el tonto, etc.

El conocimiento y la comprensión se brindan por igual y están disponibles para todos por igual.

No hay bien, no hay mal; todo está en perfecto equilibrado y compartido por igual.

El universo no discrimina, ni ama ni odia. Cuando llueve, es para todos. El sol brilla para todos. La luz de la luna es para que todos la disfruten y el aire es accesible para todos. Todo lo que proviene del universo y todo lo que hay en el universo, se da de forma gratuita y accesible a todos, sin condiciones.

Si estamos experimentando un problema, debemos mirarnos a nosotros mismos a través del espejo y hacer un cambio si queremos un mejor mañana para nosotros y nuestros hijos. Así es como damos lugar a la sabiduría.

Dios los bendiga.

BIBLIOGRAFÍA

- Stefan Chmelik (1999) Chinese herbal secrets (the key to total health)
- Denise Whichello Brown & Sandra White (2001) Alternative Health Therapies (the complete guide to Aromatherapy, Massage and reflexology).
- Barron'st (2nd edition 2004) Anatomy and Physiology (the easy way)
- Paula R. Hartz (1993) Taoism (world Religion)
- Theresa Cheung (2006) The elements encyclopedia of the psychic world (the Ultimate a-z of spirits, mysteries and the paranormal)

- Satguru Sivaya Subramuniyaswami (1993) Dancing with Siva (Hinduism's contemporary catechism)
- Michael Philips (2008) The Undercover philosopher
- Osho (2004) Buddha (his life & teachings)
- Christmas Humphreys (1962) Zen—a way of life
- El Corán
- La Biblia
- Fuente divina (ayuda de los espíritus)

www.ingramcontent.com/pod-product-compliance
Lightning Source LLC
Chambersburg PA
CBHW060402080526
44583CB00012B/436